왜 자꾸 사고 싶을까?
광고의 비밀

교과서가 쉬워지는 교과서 5 광고의 비밀

1판 1쇄 발행 2012년 3월 5일
1판 29쇄 발행 2025년 3월 10일

글쓴이 김현주 | 그린이 강희준 | 펴낸이 김민지 | 펴낸곳 미래M&B
등록 1993년 1월 8일(제10-772호) | 주소 04030 서울시 마포구 동교로 134(서교동 464-41) 미진빌딩 2층
전화 (02) 562-1800(대표) | 팩스 (02) 562-1885(대표)
전자우편 mirae@miraemnb.com | 홈페이지 www.miraei.com
블로그 blog.naver.com/miraeibooks | 인스타그램 @mirae_ibooks

ISBN 978-89-8394-694-2(74320) | ISBN 978-89-8394-656-0(세트)

* 잘못 만들어진 책은 구입처에서 바꾸어 드립니다.

아이의 미래를 여는 힘, **미래i아이**는 미래M&B가 만든 유아·아동 도서 브랜드입니다.

교과서가 쉬워지는 교과서 ❺

왜 자꾸 사고 싶을까?

광고의 비밀

김현주 글 | 강희준 그림

미래 i 아이

여는 글

끊임없이 우리를 유혹하고 사고 싶게 만드는 광고

　〈트루먼 쇼〉라는 영화는 트루먼이라는 주인공의 일상이 텔레비전 쇼로 생방송되는 이야기예요. 트루먼은 그 사실을 모른 채 갓난아기 때부터 30년 동안 쇼의 주인공으로 살아가지요.
　트루먼의 일상은 모두 특정 상품의 광고로 가득해요. 그 쇼는 24시간 생방송을 하기 때문에 따로 광고를 내보낼 시간이 없거든요. 트루먼의 아내는 남편에게 집 안의 가재도구며 조미료까지 시시콜콜히 설명하고, 이웃의 쌍둥이 형제는 아침마다 대형 광고판 앞에서 트루먼과 대화를 해요. 또 트루먼의 가장 친한 친구는 항상 같은 회사의 맥주를 들고 트루먼을 찾아오고요.

영화 속의 시청자들은 24시간 텔레비전을 켜 놓고 트루먼이 먹는 음식을 먹거나 트루먼이 마시는 맥주를 마시고, 트루먼이 입는 브랜드의 옷을 사곤 해요. 말하자면 트루먼은 무보수로 일하는 가장 훌륭한 광고 모델인 셈이지요.

물론 이 영화가 추구하는 본질은 다르지만, 미디어나 광고, 소비문화의 형태를 보여 주는 점에서는 실제 우리의 이야기나 다름없어요.

오늘날 우리는 광고의 홍수 속에 살고 있어요. 그래서 어쩌면 최신 모델로 채워진 트루먼의 스튜디오와 같은 환경을 원하고 있는지도 몰라요. 현대적 감각의 신제품들에 둘러싸인 자신의 모습이 진짜라고 믿고 싶어 하면서요.

하지만 곰곰이 생각해 보세요. 이런 것들이 있어야 정말로 '나'라는 사람을 제대로 보여 주는 것인지, 이런 것 말고도 우리가 추구하고 고민해야 하는 것들이 얼마나 많은지를요.

모쪼록 이 책이 여러분이 현대 소비문화의 거센 물결 속에서 보다 가치 있는 삶을 발견하는 데 도움이 되기를 바랍니다.

차례

광고와 소비  1장

쇼핑 중독에 걸린 할머니의 최후 • 12
왜 자꾸만 사고 싶을까?
소비를 많이 하는 당신이 멋진 사람
소비를 유도하는 기업의 전략
내가 소비하는 것이 나를 말해 준다?

거실에 홍수를 부른 세탁기 광고 • 24
광고란 무엇일까?
광고의 목적은 '욕구 불만'을 갖게 만드는 것
광고는 거짓말쟁이
광고 뒤에 숨은 마케팅 전략

이상한 화형식 • 36

브랜드가 뭐길래?
소비자의 마음을 움직이는 브랜드
명품 브랜드와 부자들의 과시욕
브랜드의 노예로 살 수는 없다

미디어와 상품 ··· 2장

문화 콘텐츠 산업 • 52

창의력과 상상력이 돈이 되다
원 소스 멀티 유즈란?
창조적 영감도 상업화될 수 있을까?
미디어란 무엇일까?
미디어는 시간을 소비하는 상품
미디어의 능력과 그 대가

차례

스포츠 스타와 광고 효과 • 68

연출되지 않은 이미지를 담은 '생중계'
스포츠 스타와 시청률
스포츠 스타의 진정한 가치
미디어는 공익을 추구한다
미디어 상품의 비경합성과 비배제성
사유재로 변하는 미디어 상품
미디어의 함정

생활 속에 파고 드는 경제학 3장

강마에는 개천에서 난 용? • 86
부모의 능력이 나의 경쟁력
인적 자본의 불평등성
수혜자 부담 원칙의 진실
강마애가 존재하는 사회를 위해

맥도날드, '패스트 스타일을 팝니다!' • 100
셀프서비스에 숨겨진 기업 이윤
패스트 문화는 다양함을 싫어한다

성형 미인이 출세하는 세상 • 110
'몸짱', '얼짱'이 주목 받는 사회
외모가 경쟁력이다?

1장
광고와 소비

'소비가 미덕'이라는 말이 있어요. 사람들이 물건을 자꾸 사 줘야 기업의 이익이 늘어나고 더불어 나라의 경제 성장률도 올라간다는 뜻에서 나온 말이지요.

요즘 사람들은 일도 열심히 하지만 소비도 못지않게 해요. 기업들이 광고를 통해 끊임없이 물건을 사게끔 부추기고 유도하거든요. 사람들이 좋아하는 스타를 광고에 등장시키는 것도 이런 목적 때문이에요. 스타가 가지고 있는 이미지를 상품에 투영하여 그 상품을 많이 팔려는 것이지요. 뿐만 아니라 많이 소비하는 사람이 멋있고 성공한 사람이라는 메시지를 심어 주고요.

이렇듯 현대 사회에서는 다양한 방법으로 소비를 부추기고, 그에 맞춰 더 많이 소비하는 사람이나 그럴 능력이 있는 사람을 대접해요.

이 장에서는 바로 이런 광고에 대한 이야기를 할 거예요. 사람들의 소비 심리를 자극하는 기업의 광고에 대해 살펴보면서 현명하고 합리적인 소비를 하려면 어떻게 해야 하는지 생각해 보기로 해요.

쇼핑 중독에 걸린 할머니의 최후

"오늘은 집에서 꼼짝도 하지 말아야지. 절대 아무것도 사지 않을 거야."

집으로 날아온 카드 대금 청구서를 본 조안 할머니는 다시는 쇼핑을 하지 않겠다고 굳게 다짐했다. 그도 그럴 것이 집 안은 이미 그동안 할머니가 사들인 물건들로 가득 차서 발 디딜 틈조차 없었다. 어제만 해도 봄에 입을 꽃무늬 원피스를 사러 갔다가, 베이지색 코트며, 핸드백, 봄 구두까지 색깔 맞춰 사고 말았다. 이처럼 할머니는 맘에 드는 물건이 있으면 사지 않고는 못 배겼다.

집에만 있으려니 좀이 쑤신 할머니는 텔레비전을 켰다. 때마침 광고가 나오고 있었다.

"어머, 저게 뭐야?"

광고에는 젊고 아름다운 여자가 손가락 끝에 화장품을 묻혀 하얗고 매끄러운 얼굴에 토닥거리고 있었다.

"저건 어제 마트 화장품 코너에서 본 것 같은데."

조안 할머니는 자신의 쭈글쭈글한 얼굴을 두 손으로 감싼 채 아름다운 모델의 얼굴에서 눈을 떼지 못했다. 그러다가 벌떡 일어

나 코트를 걸치고 마트로 달려갔다. 애초에는 광고에서 본 화장품만 살 작정이었다. 그런데 가격을 대폭 할인한다는 말에 그만 로션과 영양 크림, 마사지 크림까지 죄다 사고 말았다.

조안 할머니는 늘 이런 식이었다. 한번 사고 싶은 물건이 있으면 도저히 참을 수가 없었다. 이 문제로 정신과 의사와 상담도 해 봤지만 별로 도움이 되지 못했다. 그렇다고 조안 할머니가 돈이 많은 것도 아니었다. 그럭저럭 생활할 정도의 연금을 받아 사는 처지였다.

그러던 어느 날, 경찰은 조안 할머니가 실종되었다는 신고를 받았다. 며칠째 조안 할머니가 보이지 않아 할머니의 친구가 집으로 찾아가 보았는데, 아무리

문을 두드려도 대꾸가 없다는 것이었다. 경찰은 조안 할머니의 집을 먼저 조사하기로 했다.

경찰들은 조안 할머니의 집에 들어서는 순간 깜짝 놀랐다. 크고 작은 상자들이 거실을 온통 차지하고 있어서 발 디딜 틈조차 없었기 때문이다. 침실도 마찬가지였다. 침실을 가득 채운 물건들을 끄집어내던 경찰이 갑자기 비명을 질렀다.

"이것 좀 보세요! 이럴 수가!"

산더미처럼 쌓여 있는 물건들 밑에 조안 할머니가 쓰러져 있었다. 쇼핑 중독증에 걸린 할머니는 자신이 산 물건들에 깔려 목숨을 잃고 만 것이다.

'소비를 많이 하는 당신은 멋쟁이' 과연 이 말이 진실일까요?

왜 자꾸만 사고 싶을까?

조안 할머니의 이야기는 지난 2009년 2월, 영국 맨체스터 지방에서 실제로 일어났던 일이에요. 무려 15년 동안 쇼핑 중독에서 헤어나지 못한 조안 할머니는 결국 목숨을 잃고 말았지요.

그런데 할머니는 왜 쇼핑 중독에 빠졌을까요? 살림도 넉넉지 않았는데 말이에요. 혹시 할머니는 혼자 사는 외로움을 쇼핑으로 달래려고 한 게 아닐까요?

꼭 그렇지 않아도 쇼핑 중독증에 걸리는 경우는 무척 많아요. 세상에는 새롭고 좋은 물건이 너무나 많고, 그것에 대한 사람들의 욕심은 끝이 없으니까요. 어쩌면 우리에게도 쇼핑 중독의 성향이 조금씩 있는지도 몰라요.

이처럼 쇼핑을 하고 싶은 충동을 억제할 수 없는 증세를 '쇼핑 중독증'*, 다른 말로 '어플루엔자'라고 해요. 이 병은 고통스러우면서도 전염성이 있고 사회적으로 전파되기도 하는데, 그 물건이 꼭 필요해서 산다기보다 물건을 사는 순간을 즐기는 사람들이 잘 걸리는 병이라고 해요. 물건을 사면서 능력 있는 소비자로 대접받는 순간을 즐기는 것이지요. 판매원의 감사하다는 상냥한 인사 한마디에 공연히 어깨가 으쓱해지거든요. 바로 소비하는 순간에 느끼는 자부심, 다른 사람에게 인정받는다는 느낌 때문에 자꾸만 소비를 하게 된다고 하는군요.

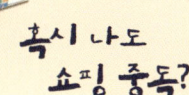

혹시 나도 쇼핑 중독?

다음의 증상을 보이면 쇼핑 중독을 의심해 보고, 평소 충동 구매를 하지 않도록 주의한다.

- 특이한 제품이나 싼 물건을 보면 꼭 사야 한다.
- 쓰지도 않으면서 물건을 자꾸 산다.
- 쇼핑에 쓴 돈의 액수나 사들인 물건에 대해 가족이나 친구에게 거짓말을 한다.
- 물건을 사고 나서 후회하면서도 '쇼핑은 취미'라며 자신을 합리화한다.
- 돈이 없어도 '어떻게 되겠지' 하는 생각으로 카드로 물건을 산다.

소비를 많이 하는 당신이 멋진 사람

그러면 우리 자신이나 가족들은 어떤지 살펴볼까요? 사실 현대인들은 열심히 일도 하지만 여가도 즐기며 살아요. 다시 말해 일을 해서 돈을 벌고, 그 돈을 여가를 보내는 데 소비한다는 것이지요. 예를 들어, 주말에는 대부분 사람들이 가족과 함께 외식을 하거나 놀이동산에 가요. 또 수영도 하고 영화를 보기도 하지요. 그러고 보니 쉬는 날 주로 하는 일이 소비 활동이네요.

여름철에 리조트에서 휴가를 보내는 것도 마찬가지예요. 리조트는 여가를 즐기는 데 필요한 것들을 끊임없이 소비하는 공간이라고 할 수 있어요. 갖가지 음식, 음료수, 과일, 튜브, 구명조끼, 모자 등 모두 돈을 내야 이용할 수 있으니까요.

이처럼 소비를 부추기는 현대 사회에서는 더 많이 소비하는 사람이나 그럴 만한 능력이 있는 사람이 대접받아요. 과감하게 소비하는 사람들이 '멋쟁이' 또는 '성공한 사람'이 되고, 알뜰하게 저축하는 사람은 '짠돌이'라든가 '구두쇠' 소리를 듣지요.

기업들은 더 많이 소비하는 분위기를 만들기 위해 전략을 세워요. 비행기를 타면 무료 항공 탑승이 가능한 마일리지를 준다든가, 마트에서 물건을 사면 캐시백 카드에 현금을 적립해 준다든가 하는 것이 이런 전략의 한 형태예요. 이 외에도 우리는 끊임없이 소비를 하라고 알게 모르게 강요받아요. 심지어는 동네 빵집이나 미장원에 가도 적립 카드를 만들어 주며 지금보다 더 많이, 자주 소비할 것을 권하지요.

적립 카드는 많이 소비하면 할수록 누적 점수가 높아지기 때문에 소비를 많이 하는 사람일수록 점수도 높고 성적도 올라가요.

조안 할머니의 쇼핑 중독증도 소비를 부추기는 이런 사회적 분위기와 깊은 관련이 있어요. 소비자가 왕이고, 더 많이 소비하는 사람이 능력 있는 사람으로 대우받는 사회, 소비가 미덕인 사회에서는 계속해서 소비하고 싶은 병적인 욕심이 생기는 게 당연한 일일 테니까요.

소비를 유도하는 기업의 전략

소비를 많이 하게 되면 어떤 점이 좋아지기에 사회는 자꾸만 소비를 부추기는 것일까요?

가끔 텔레비전 뉴스에서 진행자가 하는 말을 들은 적이 있을 거예요.

"소비 심리가 위축되어 경기가 침체되고 있습니다."

쉽게 말해 경기가 활성화되려면 소비 활동이 활발해져야 한다는 얘기예요. 소비 활동이 활발해져서 많은 물건이 팔리면 기업의 매출이 올라가고, 더불어 나라의 경제 성장률도 올라간다는 것이지요. 그래서 소비를 많이 하는 사람이 결국 경제를 살리고 나라를 살리는 애국자라는 거예요.

하지만 이러한 생각은 기업에는 도움이 되겠지만 우리 부모님들에게는 바람직한 생각이 아니에요. 나라 경제를 살리겠다고 불과 1년 전에 산 자동차를 중고차 시장에 내놓고 더 비싼 자동차를 살 수는 없는 노릇이니까요. 아무리 애국심이 투철해도 그런 무모한 짓을 하면 안 되지요.

현명한 소비자들은 대체로 꼭 필요한 물건만을 사요. 하지만 기업은 이런 소비자들을 설득하기 위해 더욱 적극적인 판매 전략을 세우지요.

바로 소비자가 갖고 있지 않은 것을 만들어 내는 거예요. 운동화가 없는 소비자에게는 운동화를, 자동차가 없는 소비자에게는 자동차를, 아파트가 없는 소비자에게는 아파트를 권하며 누구나 꼭 가져야 할 필수품이라고 말하지요.

그런데 이 전략만으로 소비가 계속 이루어지기는 힘들어요. 운동화가 필요한 사람들이 모두 운동화를 구입하고, 자동차가 없는 사람들이 모두 자동차를 구입했다면 더 이상 운동화나 자동차가 팔리지 않을 테니까요.

그래서 기업은 다음 단계의 판매 전략을 세워요. 소비자가 이미 가지고 있는 제품보다 성능이나 디자인, 기능 등을 더욱 뛰어나게 만들어 새로 선보이는 것이지요. 그래서 소비자로 하여금 새로운 제품에 대해 욕심이 생기게 말이에요. 하얀 운동화가 있는 사람에게는 기능이 강화된 빨간 운동화를, 소형차를 타고 다니는 사람에게는 중형차를 사고 싶은 마음이 들게 하는 식으로요. 마찬가지로 낡은 아파트에 살고 있는 사람들에게는 새로 지은 아파트에서 살고 싶은 마음이 들게 만들고요.

기업은 소비를 유도하기 위해 '내가 가진 것에 만족하지 않고 갖지 못한 것을 탐내는 마음'을 갖도록 하는 방법을 써요. 그 때문에 기업들은 너도나도 상품을 만들어 내는 것보다 '어떻게 하면 새로운 상품에 소비자의 마음이 끌리게 할까?'에 대해 더욱 중요하게 고민하지요.

내가 소비하는 것이 나를 말해 준다?

상품을 팔기 위해서 소비자들을 일일이 찾아다니며 상품에 대해 설명할 수는 없어요. 대신 한꺼번에 많은 사람들에게 새로운 상품을 선보이는 방법을 쓰지요. 그것이 무엇이냐고요? 바로 광고예요.

광고는 텔레비전, 인터넷, 스마트폰 등 각종 매체를 통해 소비자들에게 상품을 선보이고, 그것을 갖고 싶은 마음이 들게 하기 위해 기업이 만든 판매 전략이에요.

수많은 광고의 문구를 한번 떠올려 보세요.

" 오랜만에 만난 친구가 어떻게 지내냐고 해서 그랜저로 답했다."
" 특별한 우리 아이를 위해 준비했다. 남양 앱솔루트."
" 나는 아빠다. 아이가 원하는 집을 살 수 있는 아빠다. 래미안."

이러한 광고들의 속삭임은 어느 순간 커다란 울림으로 우리의 마음을 두드리게 되지요. 바로 이렇게요.

"당신이 소비한 것이 바로 당신의 능력을 말해 줍니다."

그러다 보면 사람들은 자신이 타는 자동차나 살고 있는 집, 사용하는 세탁기며 휴대 전화기가 자신의 능력을 나타낸다고 믿게 돼요. 그래서 할 수 있다면 새롭고 좋은 걸 사려고 하지요.

하지만 이렇게 소비를 계속한다고 과연 멋진 사람이 될까요? 불과 며칠 뒤면 또 다른 신제품 광고가 나올 테고, 우리는 또 그것을 탐내게 되겠지요. 바로 구매할 수 없는 처지라면 자신의 무능력을 한탄할 거고요.

이처럼 광고는 우리를 설레게도 하지만 초라하게도 만드는 고약한 구석이 있어요. 그런데도 우리는 왜 광고에서 눈을 뗄 수가 없는 걸까요? 이제부터 그 답을 찾아보기로 해요.

광고는 우리를 세뇌한다!

세뇌는 사람이 본디 가지고 있던 의식을 다른 방향으로 바꾸게 하거나, 특정한 사상이나 주의를 따르도록 뇌리에 주입하는 일이다. 광고의 최대 타깃은 바로 사람의 '마음'이다. 마음을 움직이면 실제 상품 구매로 쉽게 연결되기 때문이다. 그래서 광고는 끊임없이 반복적으로 우리에게 노출된다. 그러다 보면 어느새 광고에 세뇌된 우리는 광고에서 보여 준 이미지를 그 상품과 동일시하게 된다.

거실에 홍수를 부른 세탁기 광고

철민이는 친구들이 집에 놀러 오는 것이 별로 반갑지가 않다. 집 안의 가구며 가전제품을 보고 너나없이 한마디씩 하기 때문이다.

"와, 무슨 텔레비전이 이렇게 뚱뚱해? 금성? 금성이 무슨 회사야?"

그럴 때마다 철민이는 어물어물 말머리를 돌리고 만다.

그러던 어느 날, 학원을 마치고 집으로 돌아온 철민이는 깜짝 놀랐다. 거실에 난데없는 드럼 세탁기가 떡 하니 놓여

있는 게 아닌가. 뿐만 아니라 세탁기에서 흘러나오는 물 때문에 거실이 온통 물바다였다. 거실 바닥을 열심히 닦아 내고 있는 엄마의 얼굴이 벌겋게 달아올라 있었다.

"엄마, 이게 무슨 일이야?"

"글쎄, 오늘 큰맘 먹고 드럼 세탁기를 샀거든. 근데, 드럼 세탁기는 거실에 놓는 거 아니니? 광고에서도 거실에 놓고 쓰던데……."

세탁기를 배달한 기사가 내일 와서 설치해 준다고 했는데, 그새를 못 참고 드럼 세탁기를 돌리다 그만 물난리가 난 것이다. 철민이 엄마는 광고를 보고 드럼 세탁기는 거실에서 쓰는 특별한 세탁기라고 믿었다. 물 빠지는 호스를 달지 않아도 세탁기 안에서 물이 다 건조되는 줄로 안 것이다.

그런데 혹시 이렇게 말한 적은 없나요?
"엄마, 나 밥 말고 ○○라면 끓여 주세요."

광고란 무엇일까?

어느 날, 친구가 새로 나온 휴대 전화기를 들고 와서 성능이나 디자인을 보여 주며 자랑을 해요. 그걸 보면 누구든 그 제품을 사고 싶은 마음이 생기지요. 물건을 사고 싶게 만든다고 해서 다른 친구들에게 자신이 산 제품을 자랑하는 일을 광고라고 할 수 있을까요?

화장품 매장의 판매원은 제품에 대해 열심히 설명하면서 소비자의 마음을 사로잡으려고 애를 써요. 이런 행동이 광고일까요? 물론 상품에 대한 광고 효과가 있기는 해요. 하지만 광고는 이렇게 직접적인 만남을 통해 이루어지는 것은 아니에요.

　광고는 반드시 광고 메시지를 전달하는 특정한 매체를 필요로 해요. 바로 텔레비전, 신문, 인터넷, 잡지 같은 것들이지요. 그런 매체에 돈을 지불하고 상품에 대한 메시지를 싣는 것을 광고라고 한답니다.

　가장 시청률이 높은 시간대에 텔레비전 광고를 하려면 얼마를 지불해야 할까요? 주말 연속극 등 인기 있는 프로그램 앞에 광고를 하려면 15초당 1,000만 원이 넘는 큰돈을 지불해야 해요. 가장 저렴한 경우도 15초당 약 700만 원 정도랍니다.

　정말 어마어마하죠? 눈 깜짝할 새에 지나가는 15초* 동안 광고비를 그렇게 많이 지불하다니요. 기업들이 해마다 텔레비전이나 신문, 라디오의 광고에 들이는 돈은 6조 8,000억 원이 넘어요. 그런데도 왜 하냐고요?

　비록 거액이 들더라도 대중매체를 통해 광고를 하면 확실히 효과가 있거든요. 그래서 기업들은 앞다투어 광고를 해요.

　그렇다면 광고의 효과는 어느 정도일까요?

광고 시간은 왜 15초일까?

텔레비전 광고는 대개 15초 정도로 매우 짧은 편이다. 물론 꼭 15초짜리만 있는 것은 아니다. 15초, 20초, 30초, 1분 심지어 10분짜리 광고도 있다. 하지만 광고 시간이 길어지면 당연히 광고비가 올라가게 마련이다. 또 광고 시간은 사람이 사물을 인지하고 기억하는 시간과도 밀접한 관련이 있다. 보통 사람이 움직이는 물체를 인지하는 데는 0.2초가 걸린다고 한다. 광고의 목적은 상품을 소비자의 기억에 '각인' 시키는 것이다. 따라서 15초라는 시간은 이런 모든 것들을 감안하여 광고비용과 광고의 효과 면에서 가장 효율적인 시간인 셈이다.

광고와 소비

광고의 목적은 '욕구 불만'을 갖게 만드는 것

철민이 엄마는 세탁기 광고를 보고 드럼 세탁기를 샀어요. 그런데 철민이 엄마가 산 것은 단순히 드럼 세탁기만이 아니에요. 광고에서 보여 주는 드럼 세탁기가 놓여 있는 현대적이고 세련되게 꾸며진 거실과 주부들의 거친 손과는 딴판인 광고 모델의 희고 가느다란 손가락이 우아하게 버튼을 누르는 모습 들을 산 것이지요.

그러니까 철민이 엄마는 드럼 세탁기를 생각하면서 세탁기를 둘러싼 멋진 분위기도 함께 떠올린 거예요. 새하얀 원피스를 입은 모델이 귀족적인 자태로 거실을 거닐며 그 분위기와 딱 어울리는 세탁기와 대화하는 모습 말이에요. 평범한 주부인 철민이 엄마가 그런 모습을 따라 하기는 어렵지만 마음속으로는 몹시 원하고

있답니다. 철민이 엄마는 드럼 세탁기 광고가 보여 준 멋진 생활을 자신의 실생활과 자꾸만 비교하면서 뭔가 부족함을 느꼈을 거예요. 광고는 이런 식으로 우리로 하여금 뭔가 부족하다는 느낌을 들게 만들어요.

"당신은 이 제품을 갖기 전까진 만족할 수 없습니다. 아무리 멋지게 살아도 이 제품이 없다면 2퍼센트 부족합니다. 현재 생활에 만족하지 마세요."라고 말이에요.

이와 같이 광고의 목적은 사람들이 자신에게 없는 것에 대해 욕구 불만을 갖게 하는 거예요. 그래야 사람들이 무언가 소비하려고 애쓸 테니까요.

하지만 광고를 아무리 열심히 해도 사람들에게 없던 욕구가 갑자기 생겨나지는 않겠지요.

사람에게는 누구나 '배가 고프다', '잠자고 싶다', '목마르다', '똥 마렵다' 같은 생리적 욕구가 있어요. '따뜻하고 쾌적한 곳에서 살고 싶다', '옷을 입고 싶다', '위험으로부터 보호받고 싶다' 같은 한 단계 더 높은 욕구도 있고요. '예뻐지고 싶다', '사랑 받고 싶다', '성공하고 싶다' 같은 좀 더 고차원적인 욕구도 있지요.

누구든지 배가 고프면 음식을 먹어서 배 고픈 욕구를 채우려고 해요. 그런데 혹시 이렇게 말한 적은 없나요?

"엄마, 나 밥 말고 ○○라면 끓여 주세요."

먹고 싶은 욕구는 누구에게나 있는 1차적인 욕구예요. 하지만 먹고 싶은 욕구가 생기는 음식은 사람마다 각기 달라요. 삼양라면일 수도 있고, 햇반일 수도 있고, 나가사키 짬뽕이나 상하이 삼선 짜장, 스파게티나 피자헛 리치골드 피자, 철원 쌀로 지은 밥일 수도 있어요. '○○라면 먹고 싶다' 라는 것이 바로 2차적인 욕구지요.

광고는 1차적인 욕구를 채우기 위해 필요한 2차적인 욕구에 대해 설명해 줘요. '뭔가 먹고 싶다' 라는 1차적인 욕구를 채우기 위해 필요한 2차적 욕구인 '뭔가' 가 바로 삼양라면이나 햇반, 뚜레쥬르 식빵, 빕스 스테이크 등이라고 말이에

요. '옷을 입고 싶다'는 1차적인 욕구를 해결하기 위해 필요한 2차적인 욕구는 게스 청바지나 빈폴 남방 등이라는 식으로요.

'인기를 얻고 싶다'는 1차적인 욕구를 만족시키기 위한 2차적인 욕구는 최신 휴대 전화기라든가 유명 브랜드 운동화일 수도 있어요. 그런 상품들을 소유하면 남들로부터 인정받고 부러움을 사게 될 거라고 여기는 것이지요.

광고는, '먹고 싶다'는 생리적인 욕구부터 '예뻐지고 싶다', '인기 있고 싶다'와 같은 사람의 고차원적인 욕구까지, 광고하는 상품만 소비하면 이 모든 욕구를 다

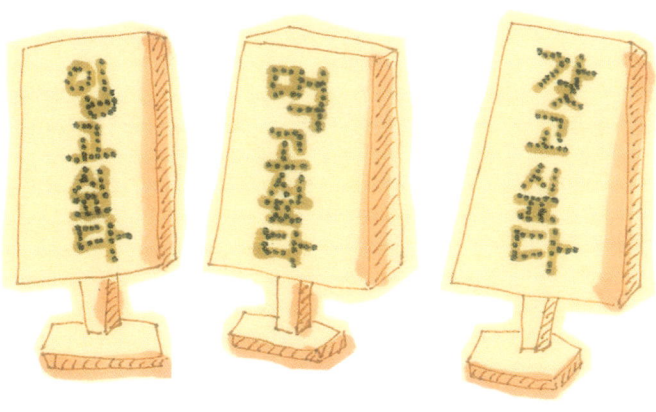

해결할 수 있다고 설득한답니다. 그럼으로써 소비자로 하여금 무언가 사고 싶은 2차적인 욕구가 솟구치게 만들지요.

광고는 거짓말쟁이

　광고가 하라는 대로 물건을 사면 정말 우리의 욕구가 채워질까요? 여러분이 누군가에게 인정받기 위해 최신형 스마트폰을 샀다고 가정해 볼까요? 당장은 주위 친구들의 부러움을 사겠지요. 하지만 얼마 지나고 나면 친구들은 더 이상 그 스마트폰을 부러워하지 않게 될 거예요. 성능이 더욱 좋아진 최신형 스마트폰이 금세 등장하기 때문이지요.

　광고는 언제나 '이 신제품이야말로 누구나 가질 수 없는 몇 개 안 되는 특별한 상품'이라는 느낌을 전달해요. 사람들은 자꾸 반복되는 광고를 보면서 누구나 쉽게 가질 수 없는 그 신제품을 탐내게 되지요.

　하지만 광고가 감추고 있는 사실이 있어요. 바로 '이 제품은 얼마 안 있으면 또 다른 신제품에 밀려서 특별함이 곧 사라질 운명에 처해 있답니다. 그러니까 특별하고 싶은 당신의 욕구를 얼마 동안밖에 채워 줄 수 없어요. 이 광고의 목적은 당신의 욕구를 채워 주는 것이 아니라 당신이 한없이 욕구 불만을 느끼게 하기 위한 것이랍니다.'라는 것이지요.

특별한 상품을 가지면 자신이 특별해 보일 거라는 기대를 버리지 않는 이상 끊임없이 그것을 갖기 위해 소비할 수밖에 없답니다.

광고가 온갖 행복한 모습을 보여 주며 '행복해지려면 이 상품을 사야 한다.'는 어마어마한 거짓말을 하고 있다는 사실, 이젠 알겠죠?

광고 뒤에 숨은 마케팅 전략

그렇다면 이런 광고는 어떻게 만들어지는 걸까요? 기업은 끊임없이 광고를 만들어 소비자에게 내보내요. 기업이 어떻게 광고를 만드는지 알아볼까요?

기업은 광고를 계획하고 제작하기 전에 먼저 전략을 세워요. 신제품을 만들기 전부터 '이 제품을 어떻게 하면 잘 팔 수 있을까?'라는 작전 회의를 하지요.

이런 작전을 기업에서는 '마케팅'이라고 해요. 흔히 마케팅을 단순히 '물건을 파는 행동'이라고 잘못 알고 있지만, 판매하는 행위는 마케팅의 한 부분에 지나지 않아요.

마케팅은 상품이 더 잘 팔릴 수 있도록 소비자를 설득하면서, 동시에 기업의 이미지를 관리하는 모든 과정을 포함하고 있어요. 기업이 물건을 팔기 위해서는 물건을 사려는 소비자에 대해 잘 알아야만 해요. 마케팅은 소비자를 찾아내고, 어떨 때 소비자가 물건을 필요로 하는지 분석해서 기업이 돈을 많이 벌 수 있도록 계획하고 실행하지요.

이처럼 마케팅의 힘이 크게 발휘된 경우가 바로 미국의 '코카콜라 라이트'예요. 미국 사람들은 흔히 콜라를 물처럼 마셔요. 그런데 콜라에는 카페인은 물론 설탕이 지나치게 많이 들어 있어요. 그러다 보니 칼로리가 높아 비만의 원인으로 눈총을 받아 왔어요. 게다가 2000년대에 들어와 미국 소비자들이 건강에 대해 큰 관심을 보이면서 콜라 매출이 뚝 떨어졌어요.

그러자 코카콜라*는 소비자의 욕구 조사를 통해 다음과 같은 새로운 사실을 발견했어요.

'콜라의 맛에 길들여진 소비자들 중 상당수가 콜라 맛은 그대로 지키면서 저칼로리 음료가 나온다면 먹고 싶다는 욕

구를 지니고 있음.'

이렇게 해서 저칼로리 다이어트 콜라인 '코카콜라 라이트'가 탄생한 거예요.

마케팅 관리자는 신제품인 다이어트 콜라를 대대적으로 광고할 전략을 세우지요. 먼저 사람들이 저칼로리 콜라를 주로 언제 사 먹는지 조사해요. 그런 다음 시장에서의 수요의 변화를 꼼꼼히 파악하고 새로운 수요가 만들어질 수 있는 시기 등을 검토해서 광고와 판매 서비스에 대한 계획을 세우지요.

그 계획은 철저한 조사 덕분에 성공했답니다. 이처럼 소비자들이 더 많이 소비하게끔 만드는 것이 바로 기업의 속셈이자 마케팅이에요.

코카콜라

1886년에 미국 남부의 애틀랜타에서 약제사 존 펨버턴이 여러 가지 혼합물에 탄산수를 넣어 개발한 음료수다. 코카콜라는 현재 전 세계 200여 개국에서 하루 약 10억 잔 이상이 팔리고 있는 세계 최대의 청량음료이자 같은 이름의 회사이다. 특히 허리가 잘록하게 들어간 병 모양과 '코카콜라'라는 이름과 디자인은 오늘날 세계에서 가장 유명하고 가장 높은 가치를 인정받는 브랜드가 되었다. 우리나라에는 1950년대 초에 들어왔으나, 국내 생산이 시작된 것은 1968년부터이다. 지금은 (주)한국 코카콜라가 국내에서 생산, 공급하고 있다.

이상한 화형식

2006년 9월 17일 저녁, 런던의 핀스베리 광장에서 이상한 광경이 벌어졌다. 한 사내가 광장 한가운데에 자신의 물건들을 잔뜩 쌓아 놓고 불태울 준비를 하고 있었던 것이다.

그런데 그 물건들은 그저 평범한 것들이 아니었다. 아디다스 운동화며 나이키 가방, 랄프로렌 셔츠와 바지를 비롯하여 블랙베리 전화기, 소니 디브이디(DVD)플레이어, 샤프 엘시디 텔레비전 등 하나같이 비싼 물건들이었다. 돈으로 따지면 4만 3,000파운드(약 7,000만 원)가 넘는 액수였다. 게다가 그중에는 명품들도 많았다. 아르마니 실크 셔츠, 구찌 티셔츠, 루이비통 가방, 크리스찬디올 코트, 입생로랑 재킷, 피에르가르뎅 가죽 점퍼 등등, 한눈에 보아도 누구나 가지고 싶어 하는 브랜드의 상품들이었다.

이 이상한 화형식을 구경하려고 광장에는 구경꾼이 300여 명이나 몰려들었다. 물론 비비시(BBC) 방송국을 비롯한 언론 매체들도 이 희한한 이벤트를 놓칠 리가 없었다.

드디어 주인공인 사내가 구경꾼들을 향해 입을 열었다.

"저는 브랜드 중독자입니다. 날마다 광고를 보며 마음에 드는 제품을 구입하며 살았지요. 광고에서 말하는 것처럼 더 성공적이고 더

호감을 주고 좀 더 멋진 사람이 되려고요. 그런데 보시다시피 저는 행복하지 못합니다. 브랜드는 결국 장식품에 불과할 뿐이지요. 오늘 저는 브랜드 중독으로부터 영원히 해방되고자 합니다. 그리고 내일부터는 백화점 밖에서 행복을 찾을 것입니다."

마침내 사내는 산더미처럼 쌓인 물건들에 불을 붙였다. 그 모습을 지켜보던 사람들은 눈이 휘둥그레져서 한마디씩 떠들어 댔다.

"미친 거 아니야? 왜 비싼 물건을 태우지?"

"브랜드 중독증에서 해방되고 싶다고 저 아까운 것들을 태우다니. 차라리 자선 단체에 기부하지."

하지만 개중에는 스스로를 반성하는 목소리도 있었다.

"저 사람 말이 맞아. 나 역시 양말 하나를 사더라도 브랜드를 따졌잖아."

200일 동안이나 이 화형식을 준비해 왔다는 사내의 이름은 닐 부어맨이었다. 닐은 영국 런던에 살며, 작가이자 이벤트 프로모터로 활동했다. 닐은 스스로 밝힌 대로 브랜드 마니아였다. 어릴 때부터 닐은 친구가 가지고 노는 장난감의 브랜드가 무엇인지를 따졌다. 어른이 되어 사람을 만날 때에도 상대가 입은 청바지가 어느 브랜드인지, 들고 있는 휴대 전화기나 재킷과 구두의 브랜드가 무엇인지에 따라 사람을 파악하려고 했다. 심지어 길에서 만난 아름다운 아가씨에게 반해 말을 붙이려다가도 그녀가 신고 있는 평범한 운동화에 실망해서 되돌아선 적도 있었다. 닐은 사람들이 착용하는 브랜드의 이미지가 그 사람의 취향과 성격을 말해준다고 믿었다.

그래서 옷이나 액세서리 하나를 고를 때도 브랜드의 선택에 심혈을 기울였다. 자신이 자유분방하고 독창적인 사람이라는 인상을 주고 싶을 때에는 아디다스 운동화를 신고 애플 매킨토시를 사용하곤 했다.

강인한 인상을 심어 주고 싶을 때에는 랄프로렌 셔츠를 입었다. 생수는 꼭 알프스산 에비앙만 먹었으며, 쇼핑할 때는 언제나 루이비통 지갑을 꺼내 계산을 했다. 심지어 직장에서 사용하는 책상도 브랜드를 따져 선택할 정도였다.
　"그런데 어느 날, 제가 속고 있다는 생각이 들더군요. 그토록 고급 브랜드에 둘러싸여 살면서도 그다지 행복하지 않았죠. 아무리 많은 명품을 사들여도 만족할 수 없었거든요.

더 이상 집어넣을 공간이 없는 데도 자꾸만 옷들을 사는 제 자신이 문득 이상하다는 생각이 들었습니다."

브랜드의 이미지를 조합해서 자신을 표현할 수 있다고 믿었던 닐은 모두 부질없는 짓이라는 걸 깨닫게 되었다. 항상 뭔가 부족했고, 그 부족함을 또 다른 브랜드 제품을 삼으로써 메우려 했지만 그건 불가능했다. 닐은 그제야 자신이 브랜드 중독에 걸린 걸 알게 되었다. 그리고 그것에서 헤어나기 위해 엄청난 결단을 내렸다. 알코올 중독자가 집 안에 있는 모든 알코올을 없애 버리듯 자신의 전부라고 여겼던 브랜드 제품을 몽땅 불태워 버리고 다시 새롭게 태어나기로 한 것이다.

브랜드가 뭐길래?

브랜드란 무엇일까요?

자동차, 치약, 비누, 향수 등 돈으로 살 수 있는 모든 상품에는 브랜드가 있어요. 렉서스, 안티프라그, 도브, 샤넬 넘버 5 등이 브랜드예요. 브랜드는 그 상품에 대해 알려 주는 상품의 이름이자 상징이지요. 브랜드와 기업이 헷갈린다고요? 기업은 렉서스라는 브랜드를 만드는 도요타, 안티프라그라는 브랜드를 만드는 부광약품, 도브라는 브랜드를 만드는 유니레버 사라고 생각하면 돼요.

맥도날드, 코카콜라, 나이키처럼 브랜드가 기업 이름과

같은 경우도 있어요. 하지만 한 기업이 여러 개의 브랜드를 가지고 있는 경우도 많아요. '소나타', '제네시스', '그랜저'라는 브랜드를 만든 현대자동차처럼 말이에요.

기업들은 브랜드를 아주 중요시해요. 단지 상표 이름일 뿐 아니라 특정한 개성을 표현하는 이미지 종합 선물 세트이기 때문이지요.

예를 들어 '래미안'이라는 브랜드를 떠올리면 연상되는 모습이 있잖아요? 아파트, 고급스러운 인테리어, 아늑한 놀이터, 시원한 분수, 엄마의 환한 미소, 아이의 즐거운 웃음, 하늘색 로고……. 이런 모습이 모두 모여서 '래미안'이라는 브랜드의 이미지가 돼요. 바로 '가정적인 편안함이 있는 고급 아파트'라는 이미지이지요.

사실 이런 이미지는 저절로 생겨나는 게 아니라 주로 광고를 통해 만들어져요. 그래서 기업들은 브랜드에 대한 긍정적인 이미지만 집중적으로 반복해 광고하면서 브랜드 이미지를 굳혀 나가지요.

많은 사람들이 알고 있고, 좋은 이미지로 떠올린다면 그 브랜드는 성공한 거예요. 성공한 브랜드는 브랜드 자체가 돈이 된답니다. 그걸 '브랜드 자산'이라고 해요. 한마디로 '이름값'이지요.

소비자에게 긍정적인 이미지를 굳힌 브랜드는 브랜드 자산이 높아요. 한국존슨이라는 회사가 1998년에 모기약 브랜드인 에프킬라를 인수할 때에도 한국존슨은 에프킬라를 만든 삼성제약에 387억 원을 지불했어요. 이 중에서 90억 원만이 토지, 공장, 기계 등에 대한 대가였고, 나머지 297억 원은 눈에 보이지 않는 브랜드 값이었지요.

소비자들이 얼마나 그 브랜드를 알고, 그 브랜드를 믿으며, 그 브랜드가 어떤 이미지인가에 따라 브랜드 자산 가치는 달라져요. 그래서 이런 말도 나왔어요.

"제품 품질에 차이가 없다면 경쟁의 승패를 결정하는 것은 브랜드 이미지입니다. 소비자가 구매하는 것은 제품 자체가 아니라 제품에 부여된 심리적인 만족감이기 때문이지요."

따라서 기업들은 어떻게 하면 브랜드 이미지를 좋게 만들까 고민해요. 브랜드가 마치 사람처럼 개성을 지니게 된 것이지요.

소비자의 마음을 움직이는 브랜드

세계에서 브랜드 자산이 가장 높은 브랜드는 무엇일까요? 3위가 아이비엠(IBM), 2위는 마이크로소프트 사로 모두 컴퓨터와 관련이 있는 회사예요. 그런데 1위는 놀랍게도 코카콜라랍니다. 코카콜라의 브랜드 자산은 960억 달러(약 100조 원)가 넘어요.

코카콜라가 이처럼 세계 제1의 브랜드 자산을 갖게 된 데는 다 그만한 이유가 있어요. 1920년부터 코카콜라는 광고에 대대적인 투자를 하면서 사람들에게 코카콜라 특유의 이미지를 심기 위해 노력했어요.

여러분도 코카콜라를 한번 떠올려 보세요. 검고 톡 쏘는 맛만 떠오르나요? 아니죠? 열정적으로 노래한 뒤 콜라를 시원하게 마시는 멋진 아이돌 가수가 함께 떠오르진 않나요? 이런 것들이 바로 브랜드 이미지라는 거예요.

코카콜라가 이미지를 통해 사람들에게 기억되기 시작한

것은 아주 오래전부터예요. 코카콜라 회사는 겨울이 되면 고민이 많았어요. 사람들이 콜라를 거의 사 먹지 않았거든요. 그러다가 1920년 겨울, 아주 동화적인 발상을 하게 되었어요. 바로 겨울의 상징인 산타클로스 이야기를 각색해서 새로운 산타를 만들어 선보이기로 한 거예요.

그렇게 해서 탄생한 것이 바로 뚱뚱한 몸집에 하얀 수염을 달고 빨간색 옷을 입은 산타클로스예요. 왜 산타클로스가 빨간 옷을 입고 있을까 궁금했죠? 그 빨간색이 바로 코카콜라의 상징이랍니다! 사실 코카콜라가 이런 산타의 이미지를 만들어 내기 전까지는 이런저런 이야기만 전해져 왔을 뿐 산타에 대한 이렇다 할 뚜렷한 이미지가 없었어요. 그런데 코카콜라에서 그런 산타클로스의 이미지를 가장 먼저 만들어 낸 것이지요.

광고 속의 산타클로스는 아이들에게 선물을 나누어 주다가 땀을 닦으며 코카콜라를 꿀꺽꿀꺽 맛있게 마셔요. 그러고는 일부러 코카콜라를 조금 남겨 놓고 사라지지요.

광고의 결과는 엄청났어요. 코카콜라는 크리스마스와 산타할아버지, 그리고 아이들의 선물에 대한 바람과 어우러지면서 그해 겨울 대박 상품이 되었어요.

코카콜라는 크리스마스를 기대하는 아이들의 마음과 그를 다 채워 주지 못하는 부모의 마음을 읽어 내고 그 마음의 빈자리를 뚫고 들어가는 데 성공한 것이지요.

이처럼 코카콜라 이야기는 브랜드가 어떻게 사람의 마음을 움직이는지를 잘 보여 줘요. 브랜드 이미지는 소비자의 마음을 움직일 뿐만 아니라 마음 한 귀퉁이를 차지해요. 브랜드가 들어선 마음 한 귀퉁이는 작은 소리지만 꽤 설득력 있는 목소리를 내지요.

하지만 그 목소리를 듣고 선택한 브랜드 제품이 나를 빛내 주는 건 아주 짧은 순간뿐이라는 것을 기억하세요. 현명하고 자존심 있는 소비자로 살아가려면 말이에요.

명품 브랜드와 부자들의 과시욕

600만 원짜리 루이비통 핸드백, 700만 원짜리 샤넬 원피스……. 도대체 명품 브랜드 제품은 왜 그렇게 비쌀까요?

명품 브랜드 제품이 비싼 이유는 따로 있어요. '누구

나 쉽게 가질 수 없고, 나만의 느낌을 전달할 수 있는 특별한 물건을 갖고 싶다'라는 사람들의 욕구 때문이에요. 요즘은 복제 기술이 뛰어나서 자신만의 특별한 물건을 갖기가 쉽지 않아요.

한 인기 있는 드라마에서 남자 주인공이 "이건 세상에 하나밖에 없는 목걸이야."라면서 별과 달 모양의 목걸이를 좋아하는 여자의 목에 걸어 주는 장면이 나왔어요. 그 다음날 백화점과 보석 가게에 똑같은 복제품이 진열되어 불티나게 팔렸답니다. 세상에 하나밖에 없다던 목걸이가 너도나도 걸고 다니는 흔한 목걸이가 되어 버린 거예요.

명품 브랜드가 비싼 이유는 바로 비싸기 때문에 아무나 쉽게 소유할 수 없다는 데 있어요. 더구나 비쌀수록 그것을 사는 소비자가 더 만족한답니다. 부자들은 자신의 능력을 소비를 통해 과시하려는 경향이 있거든요.

브랜드의 노예로 살 수는 없다

명품 화형식을 치른 닐 부어맨은 화형식 준비를 위해 200일 동안 어떤 일을 했을까요? 닐은 먼저 자신의 병적인 브랜드 중독증의 원인에 대해 생각해 보았어요. 무엇보다 자신이 남들에게 어떻게 보일까에 지나치게 신경을 썼다는 것이 문제였죠. 결국 브랜드의 이미지를 빌어 자신을 표현하려 했으니까요. 게다가 브랜드라는 잣대 없이는 자신과 다른 사람에 대해 아무런 판단도 하지 못하게 되었고요.

그래서 매일 들르다시피 하던 백화점에 발을 끊고 대신 도서관에 틀어박히게 돼요. 그곳에서 기업들의 판매 전략과 광고 심리학 등을 공부했지요. 또 여러 매체에 자신의 소비적인 생활을 스스로 비판하는 글을 싣고, 소비 위주의 생활을 바꿀 방법에 대해 생각하기 시작했고요.

이렇게 200일을 지낸 뒤 닐은 마침내 브랜드 화형식을 하기로 결심해요. 이 과정에서 닐은 '브랜드 중독증은 개인적인 병이 아니라 현대 사회가 만들어 낸 사회적인 병'이라는 결론을 얻게 되지요.

사실 우리도 닐처럼 조금씩은 브랜드 중독 증세를 갖고 있어요. 광고는 늘 소비하는 사람이 능력 있고 멋진 사람이라고 속삭이지요. 이에 영향을 받은 사회적 분위기가 브랜드 소비를 부추기고 있으니 당연한 일일지도 몰라요. 하지만 어떤 브랜드도 우리 자신의 본모습을 대신 보여 줄 수는 없답니다. 우리 자신은 가격을 매길 수 있는 브랜드와는 전혀 다른 가치를 지니고 있으니까요. 브랜드에 중독된 사회는 이렇듯 가격을 매길 수 없는 소중한 것들을 잃게 된 셈이지요.

2장
미디어와 상품

미디어는 정보를 나누고 전달하는 수단이에요. 신문이나 텔레비전, 라디오, 책, 영화, 인터넷 등 중간에서 전달하고자 하는 내용을 연결시키는 물건이나 방법 등이 미디어랍니다.

그런데 미디어는 의사 전달 수단인 동시에 상품이에요. 드라마나, 영화, 책 등의 미디어 상품은 흔히 마트에서 사는 일상용품과는 달라요. 시간을 들여 경험하려고 사기 때문에 문화적인 상품이라고 할 수 있지요.

정보 통신 기술이 발달하고 사회가 문화적인 체험을 중시할수록 문화 상품과 미디어 상품의 중요성은 더욱 커져요. 때로는 자동차 수십만 대보다 잘 만든 영화 한 편의 가치가 더 클 때도 있답니다.

하지만 경제적 이익만을 중시하다 보면 미디어 상품의 다양한 가치를 잃어버릴 수도 있어요. 미디어와 그것이 만들어 낸 상품의 가치에 대해 알아볼까요?

문화 콘텐츠 산업

트레이시 슈발리에는 서른일곱 살에 소설 『진주 귀고리 소녀』를 발표해 세계적인 베스트셀러 작가가 되었다. 이 소설은 바로 17세기 네덜란드 화가 요하네스 베르메르가 그린 '진주 귀고리 소녀'를 소재로 쓰여졌다. 열아홉 살 때 이 그림을 처음 본 트레이시는 그림 속의 소녀에게 무언가 숨겨진 이야기가 있을 거라고 상상했다.

"이 그림을 처음 보았을 때 저는 미술에 대해 아무것도 몰랐어요. 하지만 단숨에 이 그림에 빠져들었지요. 물기를 머금은 듯한 소녀의 아름다운 눈동자와 귀에 매달린 촉촉한 진주에 매료되었답니다. 그래서 이 그림의 포스터를 사다가 벽에 걸어 두었지요. 이 그림은 20년 동안 줄곧 그 자리에 붙어 있었답니다."

20년 뒤 트레이시는 이 그림의 소녀에 대한 소설을 쓰기로 마음먹었다. 베르메르가 살았던 네덜란드 델프트로 떠난 트레이시는 그곳에서 베르메르가 그린 35점의 그림을 보았다. 모두 인물화로, 대부분이 17세기 부유한 상인의 아내와 딸을 그린 그림이었다.

그 가운데 '진주 귀고리 소녀'가 유독 눈에 띄었는데, 다른 그림의 인물들은 모두가 화가와 시선을 맞추지 않고 있었지만, '진주 귀고리 소녀'는 화가를 똑바로 바라보고 있었기 때문이다.

'아마 부유한 상인의 여인들은 긴 시간 동안 화가를 향해 서 있는 걸 싫어했을 거야. 그렇다면 '진주 귀고리 소녀'의 실제 인물은 베르메르보다 낮은 신분의 여인이 아니었을까?'

트레이시는 델프트를 돌아다니며 그림 속의 소녀에 대한 단서를 찾으려고 했지만, 이상하게도 베르메르의 사생활에 대한 이야기는 거의 남아 있지 않았다.

트레이시는 결국 모든 것을 상상 속에서 꾸며 나갔다. '진주 귀고리 소녀'는 물론 베르메르의 나머지 35점의 그림까지 짜 맞추어 가며 이야기를 상상했다.

이렇게 해서 17세기 네덜란드에 살았던 '그리트'라는 상상의 인물이 탄생한다. 가난한 타일공의 딸로 태어났지만, 예술에 대한 이해와 감성을 지닌 이 소녀와 실존 인물이었던 화가 베르메르의 이야기가 한 편의 소설로 완성된 것이다.

이 소설은 이어 피터 웨버 감독에 의해 영화로도 만들어졌다. 감독은 베르메르의 그림이 주는 느낌을 그대로 살려 세트를 만들어야 했다. 또 조명을 설치해서 빛을 조정하는 과정에서 무척 애를 먹었다.

그러나 17세기의 도시 델프트를 철저하게 연구함으로써 등장인물의 의상, 음식, 방 안의 풍경, 도시의 풍경 등을 당시 그대로 재현해 냈다. 영화를 보면서 사람들은 마치 300년 전 베르메르의 그림 속에 들어와 있는 듯한 느낌을 맛보게 된다.

이처럼 300년 전의 화가 베르메르의 그림 한 점이 소설가에게 영감을 주어 새로운 문학 작품을 탄생시켰고, 수많은 독자들의 마음을 사로잡았다. 또한 영화로 만들어져서 아카데미 영화제에서 촬영상, 미술상, 의상상 후보에 오르는 등 화제가 되기도 했다.

현대 사회를 움직이는 것은 아이디어나 정보 등의 정신적 자본이에요.

✛ 창의력과 상상력이 돈이 되다

산업화

산업화란, 생산 활동의 분업화와 기계화에 따른 사회 구조의 변화를 말한다. 농민의 이농 현상과 생산력의 증가 및 정치적 자유화, 합리주의와 과학의 발달 등이 이에 해당한다. 산업화는 인류에게 풍요로운 생활을 안겨 주었지만, 빈부의 격차, 환경 파괴 같은 심각한 문제를 야기했다.

유럽에서는 17세기부터 산업화*가 시작되었어요. 도시마다 공장들이 들어서고 공장에서 만든 상품들을 사고파는 시장이 발달하게 되었지요. 그런데 당시만 해도 나무나 석탄이 주요 연료로 쓰였기 때문에 공장을 움직이려면 자연에서 최대한 많은 자원을 캐낼 수밖에 없었어요. 이로 인해 오늘날에는 천연자원이 거의 바닥나 버렸지만 말이에요.

17, 18세기 산업 사회에서는 주로 토지나, 건물, 기계, 돈을 자본으로 하여 상품을 생산했어요. 하지만 현대 사회에서는 이러한 물질적인 자본보다 아이디어, 정보, 문화와 같은 정신적 자본을 더 중요시해요. 인간의 창조 능력이 주요한 자본이 된 것이지요.

아이디어나 정보 등의 정신적 자본은 현대 산업 사회를 움직이는 중요한 역할을 해요. 자동차 한 대를 팔려고 해도 아이디어나 정보를 활용해 광고를 하는 것이 더 효과적이에요. 차를 사는 사람들은 차 자체의 기능은 물론 거기에 따른 서비스나 문화적인 혜택, 광고에서 본 이미지 등을 고려하거든요.

이처럼 요즘 소비자는 무언가를 살 때 필요와 동시에 문화적인 충족감을 주느냐, 주지 않느냐가 중요한 판단 기준이 되지요. 과자를 살 때에도 단순히 맛이나 양을 따지기보다 그 과자와 관련된 광고가 떠올라서 사는 것처럼 말이에요. 컴퓨터를 사는 것도 마찬가지예요. 컴퓨터는 공부를 하거나 일을 하는 데 꼭 필

요한 물건이기도 하지만 동시에 인터넷 게임을 하거나 영화를 보는 문화적인 욕구를 충족하는 수단이기도 해요.

바야흐로 물건 자체보다 그것과 관련된 문화 상품이나 영화, 게임, 그림, 소설 같은 대중문화가 더 많은 부가가치를 만들어 내는 사회가 된 거예요. 생활 양식이나 전통문화, 예술, 신화, 개인의 경험 등이 인간의 창의력과 상상력에 의해 새롭게 태어나는 것이지요. 그리고 이러한 소설, 영화, 게임, 교육 프로그램 등의 문화 상품은 경제적으로도 매우 중요해요. 사람들에게 정신적 충족감을 채워 주는 만큼 돈을 벌게 해 주기 때문이지요.

원 소스 멀티 유즈란?

베르메르의 그림을 소재로 한 소설은 영화로 만들어지면서 더욱 가치가 커졌어요. 이처럼 원작이나 어떤 브랜드 하나를 다양하게 활용하는 전략을 '원 소스 멀티 유즈'라고 해요. 창조된 어떤 문화 상품이 다시 기술적 변화를 거쳐 새로운 상품으로 만들어지고, 또 지속적으로 상품으로서 부가가치를 키우는 걸 뜻하지요. 여러분이 잘 알고 있는 소설 『해리포터』 시리즈만 해도 소설로 엄청난 인기를 끌었지만, 영화로 만들어지면서 남녀노소 할 것 없이 큰 관심과 사랑을 받았어요.

소설(원 소스)을 영화라는 상품(멀티 유즈)으로 만들어 가치를 극대화한 것이지요. 또 영화와 관련된 게임, 캐릭터 상품, 음반 등도 개발되어 덩달아 인기를 얻었어요.

특히 영화라는 문화 상품은 게임, 만화, 캐릭터, 음반 등의 여러 가지 2차 상품으로 만들어지면서 더욱 가치가 커지기도 해요. 문화 상품은 처음 만들 때에는 제작 비용이 많이 들어서 부담스럽기도 하지만 일단 생산되면 이를 재생산하는 비용은 점차 줄어드는 효과가 있어서 큰 이익을 얻을 수 있어요.

이처럼 원 소스 멀티 유즈는 하나의 소스를 영화, 게임, 음반, 애니메이션, 캐릭터 상품, 장난감 등의 다양한 방식으로 재생산하고 판매하여 많은 이익을 만들어 내는 방법이에요. 처음에 만들어진 문화 상품이 인기가 높으면 그 효과도 커요. 소설 『해리포터』 시리즈가 베스트셀러

반지의 제왕

영국의 작가 톨킨의 장편 소설로, 총 3부로 구성되어 있다. 제1부 '반지 원정대'와 제2부 '두 개의 탑'은 1954년에, 제3부 '왕의 귀환'은 1955년에 출간되었다. 판타지 소설의 고전이라 불릴 만큼 전 세계적으로 독자들의 사랑을 받았으며, 2001년에는 영화로 제작되어 세계 영화 시장을 휩쓸었다.

가 되었기 때문에 영화 〈해리포터〉 역시 흥행에 성공할 수 있었던 것처럼요. 반대로 『반지의 제왕』* 처럼 잘 알려지지 않은 소설을 발굴해서 영화나 드라마로 제작하여 원작 소설을 세상에 알리고, 제2의 문화 상품으로 이어 간 경우도 있어요.

이처럼 하나의 원천 콘텐츠가 여러 가지 2차 문화 상품으로 만들어지고, 연쇄적으로 수익을 높이게 되는 것은 문화 상품이 갖고 있는 큰 장점이랍니다.

창조적 영감도 상업화될 수 있을까?

문화 산업이 아무리 경제적 가치가 크다고 해도 꼭 돈벌이만을 위해서 만들어지는 것은 아니에요. 트레이시 슈발리에가 소설 『진주 귀고리 소녀』를 쓸 때 경제적 가치를 고려하고 베르메르의 그림을 연구한 것이 아닌 것처럼요. 오히려 베르메르의 그림을 통해 샘솟는 무한한 영감을 얻었기 때문에 소설로 쓰게 된 것이지요. 만약 트레이시가 '그래, 이 소설을 써서 인기 작가가 되자!'라고 마음먹었다면 베르메르의 그림과 순수하게 교감하고 상상하는 일이 불가능했을지도 몰라요.

인간의 상상력과 창조력은 결코 수요와 공급의 법칙을 따르지는 않아요. '진주 귀고리 소녀'를 그린 베르메르 역시 경제적 이익을 계산하며 그림을 그리지는 않았을 거예요. 가난했기 때문에 부자들의 후원을 받으려고 별로 아름답지 않은 부자의 아내를 아름답게 표현해야 할 때도 있었겠죠. 하지만 베르메르의 그림이 300여 년 동안 사랑받고 미술 교과서에까지 실리게 된 것은 그림마다 자신의 혼을 불어 넣으려 했기 때문이에요. 베르메르는 그 어떤 화가보다도 빛의 흐름과 성격을 가장 잘 표현했어요.

당시 화가들은 그림 속에서 빛의 변화와 움직임을 표현하는 데 관심이 없었어요. 유독 베르메르만이 빛의 흐름에 따라 사람이 어떻게 다르게 보이는지 그림을 통해 표현했답니다. 창가에 서 있는 인물을 즐겨 그렸던 베르메르는 창문을 통해 들어오는 빛을 표현하면서 인물들을 생생하게 그려 냈어요. 그래서 기껏해야 1년에 서너 점만 그렸다고 해요.

이처럼 작가의 창조적 에너지가 발휘될 때 비로소 사람을 감동시키는 문화 예술이 만들어져요. 따라서 문화 콘텐츠 산업은 상업적 의도보다는 자연스럽고 창조적인 환경에서 자유로운 소통을 통해 성숙한답니다.

미디어란 무엇일까?

미디어는 정보를 나누고 전달하는 수단이에요. 전달하고자 하는 내용을 중간에서 연결시키는 물건이나 방법들을 말하지요. 신문이나, 라디오, 텔레비전, 인터넷 등이 모두 미디어랍니다.

특히 대중이 함께 이용하고 정보를 얻는 미디어를 '매스미디어'라고 해요. 여러 사람에게 동시에 정보를 전달하는 신문이나 라디오, 텔레비전, 인터넷, 영화 등이 매스미디어에 해당되지요.

우리는 단 하루도 미디어의 영향을 벗어나서 살아갈 수 없어요. 숙제를 할 때에도 인터넷에 접속하거나 책의 도움을 받고, 새로 분양 받은 강아지를 키우는 데 텔레비전의 '동물 농장'이나 인터넷이 도움이 되거든요. 이처럼 미디어는 날씨에서부터 공부하는 법, 예의범절에 이르기까지 생활에 필요한 모든 정보를 우리에게 전달해 줘요. 게다가 즐거움을 주는 오락 수단이기도 하고요.

뿐만 아니라 미디어는 우리를 끊임없이 설득하는 수단이 되기도 해요. 정치가와 기업이 우리를 설득하는 수단으로 활용하는 것이 바로 미디어예요. 정치가는 미디어를 활용하여 자신이 옳다고 여기는 사회의 방향으로 우

리를 설득하지요. 마찬가지로 기업은 자신들이 만든 물건이 얼마나 훌륭한지 광고를 통해 우리를 설득하고요.

이처럼 미디어는 우리에게 정보를 주고, 그것을 통해 우리의 정치적, 경제적 생활의 방식을 설득하는 도구랍니다.

미디어는 시간을 소비하는 상품

정보를 전달하는 수단인 미디어도 하나의 상품이에요. 책이나, 음반, 영화는 직접 돈을 지불하고 사는 미디어 상품이지요. 그런데 책이나 음반은 다른 물건과 달라요. 과자는 먹기 위해 사고, 옷은 입기 위해 사지만 책이나 음반은 '체험'하기 위해 사기 때문이에요. 물론 책이나 음반도 과자나 옷처럼 언젠가는 없어지거나 낡아서 못쓰게 되기도 해요. 하지만 그 책을 읽기 위해 시간을 투자해야 하고, 그 시간 동안 책의 내용을 상상하는 간접 체험을 통해 마음속에 내용을 새겨 두지요. 음반 역시 음악을 들으면서 느끼고 누렸던 감정은 그대로 남아 있게 돼요. 영화도 마찬가지예요. 영화를 통해 얻은 감동과 즐거움은 우리의 마음속에 오래도록 남으니까요.

직접 돈을 지불하는 것은 아니지만 텔레비전을 시청하거나 라디오를 듣는 것도 시간을 소비하는 행위예요. 텔레비전이나 라디오 프로그램을 만드는 사람들은 많은 소비자들이 자신의 시간을 그 프로그램에 소비해 주어야만 수익을 올릴 수 있어요. 시청률이 높은 프로그램일수록 기업들이 광고를 더 많이 하게 되어 그만큼 이익을 얻을 수 있으니까요.

그런데 미디어 상품은 소비하기 전에는 대체로 상품의 가치를 확인하기가 어려워요. 가전제품과 같은 물질적인 상품은 보통 설명서를 읽거나 직접 사용해 보면 그 기능과 특성을 금방 알 수 있어요. 하지만 영화, 음반, 드라마와 같은 미디어 상품은 직접 보거나 듣지 않고서는 그 가치를 파악하기가 어렵답니다.

미디어 상품은 소비자가 경험을 통해서만 그 가치를 알 수 있기 때문에 무엇보다 상품에 대한 정보가 중요해요.

영화 한 편을 보려고 할 때에도 영화에 대한 정보를 미리 확인하는 것도 바로 이런 이유 때문이지요. 특정 상품에 대해 충분한 정보를 갖게 되면 쓸데없이 시간을 낭비하지 않아도 되니까요.

이 때문에 미디어 상품을 생산하는 기업은 대중매체를 이용해 상품과 관련된 정보를 많은 사람들에게 알리려고 애쓴답니다. 텔레비전 연예 프로그램에서 영화나 음반의 내용을 홍보한다거나 많은 돈을 들여 광고를 하는 것 등이 바로 그것이지요.

기업은 또 소비자의 신뢰를 얻기 위해서도 노력을 아끼지 않아요. 사람들에게 잘 알려진 감독이나 스타를 써서 영화를 만들거나 드라마를 찍는 것도 다 소비자가 그 상품에 좀 더 믿음을 갖고 소비하게 하려는 것이지요. 믿음을 얻게 되면 그만큼 소비가 많이 이루어질 것이고, 그것은 그대로 이익으로 연결되니까요.

미디어의 능력과 그 대가

　　미디어 상품은 소비자가 얼마나 주목하고 관심을 갖느냐에 따라 소비가 결정돼요. 그래서 기업들은 서로 다른 두 가지 시장에 뛰어들어야 해요. 하나는 미디어 상품을 판매하는 시장이고, 또 다른 하나는 광고 시장이랍니다.

　　먼저 미디어 상품을 판매하는 시장에 대해서 살펴볼까요? 여기서 판매되는 상품은 신문, 잡지, 책, 라디오나 텔레비전 방송, 유선 방송 서비스, 또는 영화나 비디오 등이에요. 이 중에서 일간 신문, 잡지, 책, 유선 방송, 비디오, 영화 등은 소비자가 돈을 지불해야 경험할 수 있어요. 하지만 라디오와 텔레비전 방송국 프로그램은 무료로 서비스를 제공해요.

　　그러면 광고 시장은 어떨까요? 신문이나 잡지는 지면에 광고를 실어 주고 수익을 만들어 내요. 텔레비전이나 라디오는 광고 방송을 내보내

수익을 얻고요. 텔레비전을 보거나 라디오를 듣다 보면 보통 드라마나 특정 프로그램을 시작하기 전에 기업의 제품 광고가 나오는 걸 보거나 들었을 거예요. 방송사는 이렇게 광고 시간을 할애하여 돈(광고비)을 벌어들여요.

그런데 이러한 광고는 광고를 하는 기업들(광고주)에게 지면이나 시간을 내어 준다기보다는 '소비자에게 접근할 수 있는 권리'를 파는 것이라고 할 수 있어요. 미디어는 독자이자 시청자인 소비자를 광고주가 전달하고자 하는 메시지에 접하게 할 수 있는 능력이 있거든요. 이 능력을 발휘하는 대가로 광고비를 받는 거죠. 특정 방송사의 특정 프로그램이 인기가 높으면 그만큼 사람들이 그 프로그램을 많이 본다는 뜻이므로 광고주와 소비자를 연결시키는 미디어의 가치가 커질 수밖에 없어요. 그러면 광고비도 더 많이 받을 수 있지요. 결국 광고비의 규모는 광고 시간의 길이가 아니라 그 미디어를 접하는 소비자의 규모와 특징에 더 크게 좌우된다고 할 수 있어요.*

시청률과 광고

텔레비전 광고는 소비자들이 제품을 사는 데 결정적인 역할을 할 뿐만 아니라 제품의 이미지와 정보를 동시에 보여 주기 때문에 광고의 효율성도 매우 높다. 따라서 광고주는 이왕이면 텔레비전에, 그것도 시청률이 높은 프로그램에 광고를 하려고 한다. 즉 시청률이 높으면 광고주들이 몰린다는 얘기다. 그러다 보면 광고 단가가 높아지게 되고 방송국은 엄청난 광고 수익을 올리게 된다. 이 때문에 시청률을 조작하거나 좋은 프로그램이라도 시청률이 낮으면 바로 폐지되는 부작용이 일어나기도 한다.

스포츠 스타와 광고 효과

지난 2010년 밴쿠버 동계 올림픽에서 사람들의 관심은 온통 김연아에게 쏠려 있었다. 열여덟 살의 귀엽고 앳된 소녀 김연아는 그야말로 빙판 위를 날아다녔다. 일곱 번의 공중회전과 아름다운 표정 연기가 이어지는 동안 카메라는 김연아의 눈빛 하나도 놓치지 않고 모두 담아

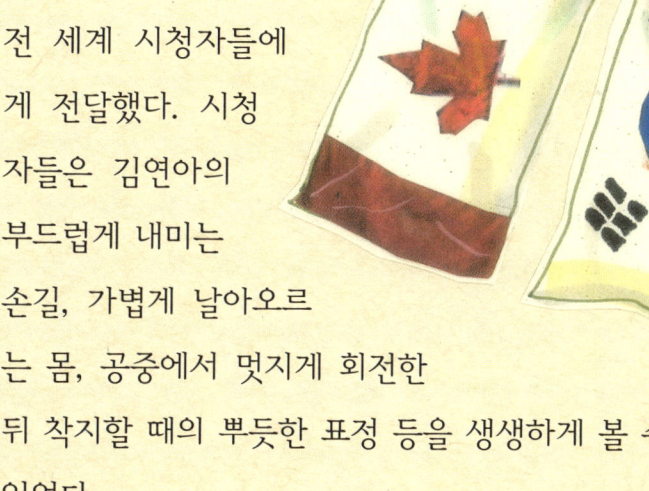

전 세계 시청자들에게 전달했다. 시청자들은 김연아의 부드럽게 내미는 손길, 가볍게 날아오르는 몸, 공중에서 멋지게 회전한 뒤 착지할 때의 뿌듯한 표정 등을 생생하게 볼 수 있었다.

　마침내 김연아는 1위를 차지하여 금메달을 목에 걸었다. 시상식 때 애국가가 울려 퍼지자 김연아는 감격에 겨워 눈물을 흘렸다. 이를 본 시청자들도 덩달아 가슴 뭉클한 감동을 받았다.

　중계 방송이 끝나고 이어지는 광고에서 시청자들은 다시 김연아를 만날 수 있었다. 삼성 하우젠 에어컨 광고에서 요정처럼 춤을 추는 김연아가 더욱 정겹게 느껴졌을지도 모른다. 다음은 우유 광고였다. 열심히 운동을 하고 난 뒤 우유를 벌컥벌컥 마시는 김연아를 보며 누구라도 당장 그 우유가 마시고 싶어졌을 것이다. 김연아는 에어컨과 우유뿐만 아니라 화장품, 생리대, 자동차 등 많은 제품의 광고 모델을 맡았다.

🔍 연출되지 않은 이미지를 담은 '생중계'

　기업들은 자기네 회사의 제품 광고에 너도나도 김연아를 모델로 쓰고 싶어 해요. 김연아 선수가 세계적인 '스포츠 스타'이기 때문이지요. 김연아는 이제 김태희나 전지현 같은 스타를 제치고 광고 모델 호감도 1순위에 올랐답니다.

　사실 김태희는 연기자이자 광고 모델이 직업이에요. 그러니 당연히 김연아보다는 김태희가 광고 연기력이 훨씬 뛰어나겠지요. 그런데도 김연아가 김태희보다 더 인기 있는 광고 모델이 될 수 있는 이유는 뭘까요? 사람들이 김연아의 '연출되지 않은 이미지'에 매력을 느끼기 때문이에요.

다른 스타 배우들과 달리 김연아의 이미지는 계획되거나 연출되지 않은 실제 상황을 생중계로 보여 주거든요. 경기가 시작되기 전의 긴장된 표정이나, 자신의 경기에 만족해서 환하게 웃는 모습, 감격에 겨워 흘리는 눈물, 그 모든 순간을 카메라는 놓치지 않고 생중계하지요. 지금 눈앞에서 벌어지고 있는 경기에 몰입하는 시청자들에게 김연아의 손짓 하나 발짓 하나는 한 편의 드라마 같아요. 온갖 역경을 딛고 성공하는 드라마 말이에요. 김연아는 바로 그런 이미지를 갖게 된 거예요.

물론 김연아 선수가 이 모든 것을 계산하고 경기를 하는 건 아니에요. 만약 그렇게 한다면 카메라를 의식하느라 제대로 경기를 할 수가 없겠지요. 스포츠 경기는 결과를 예측할 수가 없어요. 다음에 이어질 트리플 점프에서 성공할 수 있을지, 끝까지 멋지게 마무리할 수 있을지, 가슴이 조마조마하지요. 마침내 멋지게 공중회전에 성공했을 때의 기쁨은 선수만의 것이 아니라 지켜보는 시청자의 것이기도 해요. 이것이 바로 스포츠의 매력이에요.

스포츠 경기는 드라마처럼 극적이지만 미리 각본이 쓰여져 있지는 않아요. 그래서 어떤 드라마보다 재밌고 감동적이지요. 텔레비전이란 미디어는 그 감동과 재미를 있는 그대로 생생하게 보여 주어 스포츠 스타를 탄생시킨답니다.

스포츠 스타와 시청률

텔레비전이 사람들을 스포츠에 열광하게 만들고 스포츠 스타를 키우는 이유는 무엇일까요?

두말할 것도 없이 시청률 때문이에요. 에스비에스(SBS)는 1992년부터 국제빙상경기연맹(ISU)과 중계권을 계약하고 'ISU 피겨그랑프리대회' 등 김연아가 참가하는 모든 경기를 독점 방송해 왔어요. 'ISU 2009 세계피겨선수권대회'도 에스비에스가 미국 현지에서 생중계했지요. 다른 방송사는 사용료를 지불하고 방송했답니다. 이 경기의 시청률은 무려 53.7퍼센트나 되었다고 해요.

시청률이 높아지면 어떤 점이 좋으냐고요? 시청률이 높아지면 무엇보다도 그 시간에 광고하려는 기업들이 줄을 선답니다. 많은 사람들이 보는 프로그램에 광고를 해야 광고 효과가 커질 테고, 그래야 기업이 더 많은 이익을 얻게 될 테니까요. 그러다 보니 이런 주요 경기가 열리면 경기가 시작하기 전후로 수많은 기업들이 광고를 해요. 뿐만 아니라 경기 중간 중간에도 광고를 하지요.

이렇게 광고가 많이 나가면 방송사의 광고 수입도 많아져요. 드라마를 통해 벌어들이는 광고 수입보다 스포츠 중계를 통해 벌어들이는 광고 수입이 더 클 수도 있어요. 스포츠 중계는 드라마처럼 배우에게 출연료를 지급할 필요도 없고, 세트장을 만든다거나 따로 제작비가 드는 것도 아니니까요. 스포츠 중계가 시청자를 사로잡아 주기만 한다면 거기에 따른 광고 수입은 곧바로 방송사에 큰 이익을 안겨 주게 되는 것이지요.

광고를 통해 이익을 얻는 것은 비단 방송사만이 아니에요. 광고하는 기업들도 효과를 톡톡히 보게 되지요.

김연아가 세계 1위의 선수가 되자, 김연아를 광고 모델로 쓴 기업들의 매출이 크게 늘었어요. 그래서 월드컵이 열릴 때에는 기업들이 국가대표 축구 선수들을 모델로 광고를 제작하여 월드컵 대회 중계방송 시간에 내보내기도 해요.

이처럼 스포츠 스타와 텔레비전, 기업의 광고와 매출은 밀접한 관계가 있어요. 그 때문에 방송사는 스포츠 경기에 사람들의 관심을 끌어모으기 위해 애를 쓰지요. 기업은 이를 활용해 매출을 늘리는 데 열을 올리고요. 그리고 양쪽 다 커다란 이익을 내기 위해 스포츠 스타를 만들어 내는 데 온 힘을 기울인답니다.

스포츠 스타의 진정한 가치

김연아가 광고로 벌어들인 수입은 2009년 한 해 동안 무려 100억 원이 넘었다고 해요. 물론 기업들과 방송사가 김연아라는 스포츠 스타 덕분에 얻은 이익은 이와 비교도 되지 않는 천문학적 숫자이고요. 기업은 스포츠 스타의 노력과 빛나는 순간을 놓치지 않고 최대한 광고에 활용해요. 또 텔레비전은 그 현장에서 인간 승리의 표정 하나까지 놓치지 않고 중계하면서 시청률을 높이지요.

하지만 김연아나 박지성 같은 스포츠 스타는 경제적 가치를 인정받기 위해 스포츠 활동을 하는 게 아니에요. 훌륭한 소설을 쓴 작가가 처음부터 책의 판매 부수를 계산하며 창작 활동을 하지는 않는 것처럼요. 연기자의 경우도 마찬가지예요. 뛰어난 연기자는 인기와 더불어 돈을 벌게 되지만, 꼭 그것 때문에 연기를 하는 것은 아니거든요. 스포츠 스타는 인기나 돈이 아닌 성취감을 위해 자신과의 기나긴 싸움을 해요.

  스포츠 스타의 진정한 가치는 끊임없는 도전과 노력을 통해 우리에게 인간의 가능성에 대한 믿음을 보여 주는 데 있어요. 한 인간이 자신의 한계를 이겨 내고 새로운 도전을 포기하지 않는 모습은 사람들에게 희망을 줄 수 있거든요. 그런 의미에서 스포츠 스타의 가치는 바로 희망의 가치라고 할 수 있겠지요?

미디어는 공익을 추구한다

앞에서 얘기했듯이, 미디어 상품은 다른 물질적 상품과 달리 시간을 소비하는 특성이 있어요. 또한 공공성을 갖고 있다는 것이 다른 상품들과 달라요. 미디어 상품은 그 자체가 정보와 의미를 지니고 있으며, 한번 만들어지면 수많은 사람들에게 영향을 미치기 때문이에요.

특히 방송 미디어가 제작하는 미디어 상품은 다른 상품들보다 더욱 공공성을 지닐 수밖에 없어요. 방송 미디어 상품은 개인의 이익만을 위해 생산되고 소비되는 사적인 상품이 아니거든요. 〈뿌리 깊은 나무〉라는 드라마를 본 시청자들은 드라마의 내용을 전부 믿진 않지만 드라마가 전달하려는 메시지에 대체로 공감을 해요. 세종 대왕이 백성을 진심으로 생각해서 한글을 창제했다는 내용이라든가, 사대부가 한글 반포를 반대했던 이유가 지식을 백성들과 나누고 싶지 않았기 때문이라는 내용 등은 작가의 상상에서 나온 거예요. 하지만 드라마는 그 상상을 설득력 있게 전달하기 때문에 시청자는 새로운 역사관을 메시지로 전달받게 되지요.

이른바 사회적 규범을 거스르는 '막장 드라마'에 대해 우려를 하는 것도 바로 이러한 미디어의 파급력 때문이에요. 막장 드라마에서는 흔히 성공을 위해서는 수단과 방법을 가리지 않는 주인공이 등장해요. 조직 폭력배들의 폭력이 멋진 액션으로 미화되기도 하고, 재벌 2세는 모두 완벽한 인간으로 등장하죠. 이 모든 잘못된 메시지가 시청률을 높인다는 이유로 마구 쏟아져 나온다면 어떻게 될까요? 방송 미디어가 시청률을 높이기 위해 막장 드라마나 오락적이고 선정적인 프로그램만 제작한다면 분명 문제가 돼요. 왜냐하면 방송 미디어는 파급 효과가 엄청나게 크고 빠르기 때문이지요.

그런데 그런 방송이 시청자에게 무책임한 메시지를 전달한다면 어떻게 되겠어요? 그래서 방송에는 '공익성', '공공성', '사회적 책임'이 특히 강조된답니다.

얼마 전에 이탈리아의 총리가 스스로 관직에서 물러난 일이 있었어요. 그는 방송사와 출판사, 일간지 등 수십 개의 업체를 소유한 미디어 재벌이었지요. 미디어를 이용해 자신의 비리를 감추고 이익을 챙기려다 결국 정권을 내놓게 되고 말았답니다. 미디어 재벌이 문제가 되는 것은 바로 이런 일이 언제든 일어날 수 있기 때문이에요. 방송의 공공성이 보호받아야 할 중요한 이유이지요.

따라서 대부분의 나라에서는 방송 미디어에 대해 3가지의 규제를 하고 있어요.

첫째, '누가 방송을 할 수 있는지'를 규제하는 거예요. 경제적 이익을 추구하되 공공성을 잃지 않도록 하는 차원에서 방송의 주체를 허용하는 것이지요.

두 번째는 '누가 얼마만큼 소유할 수 있는지'에 대해 규제를 해요. 개인이나 기업이 엠비시(MBC)나 에스비에스와 같은 민영방송에 대한 소유권을 지나치게 많이 소유하지 못하도록 하는 것이지요. 방송이 그들의 경제적, 정치적 이익을 위해 이용되는 것을 막기 위해서랍니다.

세 번째는 방송심의위원회와 같은 기구를 통해 방송 내용을 규제하고 있어요. 방송심의위원회에서는 드라마를 비롯한 각종 프로그램의 내용을 심의해요. 국민들의 정서와 규범을 거스르는 메시지를 담고 있지는 않은지, 그 메시지의 정보가 왜곡되거나 악영향을 끼치지는 않는지 말이에요.

미디어 상품의 비경합성과 비배재성

　미디어는 상품인 동시에 공공재와 같은 성격을 갖고 있어요. 전기나 수도, 도로와 같이 누구나 사용할 수 있는 공공재는 경쟁적인 소비를 막기 위해 국가가 직접 관리해요. 미디어도 이와 마찬가지예요. 이것은 미디어가 지닌 '비경합성' 때문이에요.

　비경합성이란, 서로 맞서 겨루지 않는다는 뜻이에요. 즉, 다른 사람의 소비로 인해 나의 소비가 지장을 받거나 소비에서 얻는 이익이 줄어들지 않는 것을 말해요. 가령 내가 텔레비전이나 신문, 영화를 본다고 해서 그것 때문에 다른 사람이 텔레비전 시청이나 신문 읽기, 영화 감상을 하는 일이 줄어들게 되지는 않는다는 것이지요.

　이렇게 미디어가 비경합성을 갖는 이유는 소모되지 않는다는 특성 때문이에요. 보통 과자나 옷 같은 물질적인 상품은 사용하면 없어지게 마련이에요. 하지만 텔레비전 프로그램은 아무리 많은 사람이 시청해도 소모되지 않기 때문에 다른 사람의 시청에 지장을 주지 않아요. 따라서 이러한 상품은 나누어 가질수록 오히려 효용 가치가 커져서 더욱 많은 사람이 만족하는 독특한 성격을 가지고 있지요.

　또한 미디어 상품은 '비배제성'을 갖고 있어요. 비배

재성이란, 소비자가 어떤 상품에 대한 비용을 지불하지 않았다고 해서 그 상품을 사용하지 못하는 것은 아니라는 뜻이에요. 쉽게 말해서 컴퓨터는 돈을 지불하지 않고서는 가질 수가 없어요. 이것이 바로 보통의 상품이 지니고 있는 배제성이에요. 그런데 방송 미디어는 그렇지 않아요. 텔레비전 시청료를 내지 않았다고 해서 텔레비전 시청을 못 하게 되진 않으니까요.

사유재로 변하는 미디어 상품

그런데 기술이 발전하면서 방송 미디어의 공급자와 채널, 전송과 재원을 마련하는 방법 등이 크게 늘었어요. 자연히 방송 미디어의 기본 성격도 바뀌게 되었지요. 이제 방송은 더 이상 공공재가 아닌 신문이나 영화 같은 다른 미디어 상품과 마찬가지로 사유재가 되고 말았어요. 특히 케이블 TV 위성 방송이 대표적인 예라고 할 수 있어요. 케이블 TV 위성 방송은 가입비와 시청료를 내지 않으면 시청할 수 없는, 새로운 형태의 미디어예요. 따라서 케이블 TV는 공공재가 아닌 사유재적 방송이에요. 이런 사유재적 성격의 미디어는 인터넷과 스마트폰이 나오면서 더욱 빠르게 개발되고 있답니다.

　이처럼 미디어 상품이 돈을 내야 사용할 수 있도록 유료화가 되면서 미디어 산업에 참여하는 기업의 이익은 높아졌어요. 반면 미디어가 가지고 있어야 할 공공성은 약해졌지요. 우리나라는 2009년에 '미디어 법'* 이 국회에서 통과되면서 대기업과 일간신문이 방송사의 지분을 소유하는 것을 허용했어요. 이로 인해 미디어의 공공성이 약해질 것이라는 우려가 높아지고 있답니다.

미디어 법

방송법, 신문법, IPTV법으로 이뤄진 미디어 활성화를 위한 법안이다. 2009년 7월에 이 법이 통과됨으로써 재벌과 조선일보, 중앙일보, 동아일보 같은 거대 신문사는 방송사를 만들어 경영할 수 있게 되었다. 이윤을 추구하는 재벌과 신문사의 방송 진출은 곧 방송의 공공성을 해치고 국민의 알 권리를 침해한다는 점에서 많은 우려를 낳고 있다.

미디어의 함정

　현대인들은 하루 종일 미디어에 둘러싸인 채 자신과 직접 연관되지 않는 이야기, 게임, 영화, 뉴스, 정보, 의견에 귀를 귀울이며 살아가요. 마치 1시간이라도 각종 미디어에 접속하지 않으면 뒤처지는 건 않을까 조바심을 내지요. 나를 위해 미디어가 필요한 건지 미디어를 위해 내가 있는 건지 헷갈릴 지경이랍니다.

　게다가 하루 종일 미디어가 하는 말과 가상의 세계에 귀

기울이다 보면 자칫 자기 스스로 생각하는 법을 잊어버릴 수 있어요. 미디어가 대신 자신의 생각을 정리해 주고, 그 미디어의 지시에 따라 말하고 생각하는 것이 편하거든요.

그런데 텔레비전이나 인터넷에서 만나는 가상 현실은 그저 미디어 안에만 존재하는 게 아니에요. 그것은 사람들의 현실 생활에 끊임없이 영향을 미쳐요. 계절마다 유행하는 스타일을 알려 주며 그 유행에 맞는 옷과 신발, 가방을 사라고 부추기지요. 만약 그대로 따라 하지 않으면 왠지 유행에 뒤처지는 사람이 될 것만 같은 생각이 들거든요.

또 드라마가 보여 주는 가상 현실은 어떻고요. 드라마는 우리에게 멋진 사람과 그렇지 않은 사람의 기준까지 일러 줘요. 멋진 남자라면 특별한 날 여자 친구를 위해 멋진 레스토랑에서 이벤트를 할 수 있어야 한다고 속삭이죠. 근사한 아빠, 멋진 남편은 언제야 하는지도 일러 주고요. 일주일에 한 번쯤은 외식을 하고, 바다가 보이는 휴양지에서 여름휴가를 보낼 정도의 경제적 능력도 있어야 한다고 말이에요.

이 모든 멋진 사람은 미디어가 제공하는 가상 현실에 존재하는 가상의 인물일 뿐이에요. 하지만 그 가상 현실이 우리의 뇌에 통일된 기준이 되고 있다는 데 문제의 심각성이 있어요. 우리는 자신도 모르는 사이에 미디어가 그려 준 멋진 사람이 되려면 열심히 일하고 성공하고 돈을 많이 벌어야 한다는 생각을 해요. 물론 외모도 가꿔야 하고요. 각자가 지닌 개성이나 내적 아름다움 같은 것은 그다지 중요하지도 않고 심지어는 그런 생각을 고리타분하게 여긴답니다. 그리고 무엇보다도 중요한 것은 열심히 소비해야 한다는 거예요.

미디어는 우리에게 즐거움과 편리함을 제공해 주지만, 이렇게 우리 머릿속의 생활 기준을 모조리 결정하여 그것에 따르라고 강요해요. 따라서 이런 미디어의 함정에 빠져들지 않으려면 미디어를 의심할 줄 알아야 해요. 광고가 말하는 소비 능력만이 꼭 그 사람의 능력은 아니라고 말이지요. 드라마의 주인공처럼 사회에서 인정하는 성공만이 성공의 전부는 아닐 거라는 것도요.

이처럼 미디어를 의심하는 것만이 누군가가 주입한 프로그램이 아닌 자신의 의지대로 자유롭게 살 수 있는 비결이랍니다.

3장
생활속에 파고드는 경제학

자본주의 사회에서는 돈을 중요시해요. 좋은 집에서 살고, 맛있는 음식을 먹고, 멋진 차를 타려면 그만 한 돈이 있어야 하기 때문에 돈이 소중할 수밖에 없지요. 그러다 보면 모든 것을 돈으로 계산하려고 하는 문제가 생기기도 해요.

예를 들어 개인적인 삶의 방식이나 한 나라의 문화를 돈으로 계산하게 되면 어떻게 될까요?

만약 그렇게 된다면 사람들은 오로지 부자가 되기 위해 돈을 버는 일에 더욱 집착하지 않을까요? 나라의 문화도 값나가는 물질적인 것만 중시하고, 오랜 역사와 삶에서 얻은 가치들은 눈으로 확인할 수 없다고 무시되고요.

하지만 여러분도 알다시피 개개인의 삶이나 한 나라의 문화적 가치는 돈으로 우열을 가릴 수 있는 게 아니에요. 이제부터 돈이 우리 삶에 미치는 영향과 그 역할에 대해 알아볼까요?

강마애는 개천에서 난 용?

2008년에 텔레비전에서 방영된 〈베토벤 바이러스〉는 최고의 지휘자인 강마애와 꿈을 포기하고 살아 온 사람들의 이야기를 그린 드라마다.

강마애는 철저한 인텔리주의자이다. 불우한 환경 속에서도 깡으로 자신의 꿈을 이루어 낸 그는 꿈을 이루지 못해 한탄하는 사람들을 결코 이해할 수 없다. 어머니가 아파서 음악을 포기했다거나 아이를 키우다 보니 첼로를 포기했다는 사람에게 핑계일 뿐이라며 면박을 준다. 그런 사람들은 한마디로 '근성 없는 똥 덩어리'로 여긴다.

"꿈을 꼭 이루라는 게 아닙니다. 꿈을 꾸어 보기라도 하라는 거죠."

강마애의 말은 꿈을 꿀 생각조차 하지 않았던 평범한 사람들의 마음을 뒤흔들었다.

강마애는 지금은 명품 양복만 입고 콜택시를 타고 다니지만 알고 보면 무척 가난한 집 아들이었다. 어린 강마애가 믿을 거라고는 뛰어난 두뇌밖에 없었다.

"머리가 좋은 아이들은 세상 돌아가는 이치를 빨리 눈치 챕니다. 나는 열 살이 되기도 전에 그걸 알았지요. 부잣집에서 태어난 놈은 부자로 살고 가난한 집에서 태어난 놈은 가난하게 사는 세상이라는 걸요. 그래서 난 죽을힘을 다해 공부했습니다. 알량한 자존심을 지키기 위해선 남들보다 좋은 성적을 얻는 것밖에는 없었으니까요."

그런데 그런 강마애는 뜻밖의 불행한 일을 당한다. 홍수가 나서 살던 집이 물에 휩쓸려가 버린 것이다. 공부에 뜻을 품고 미래를 계획했던 강마애의 꿈도 산산조각이 나고 말았다. 강마애는 컨테이너 박스에서 산소 호흡기를 쓰고 누워 있는 엄마와 함께 죽어 버리기로 마음먹는다. 산소 호흡기를 떼자 강마애의 엄마는 숨이 넘어갈 듯이 고통스러워했다. 강마애는 그 모습을 보지 않으려고 눈을 감았다.

그런데 그때 어디선가 아름다운 음악소리가 들려왔다.(그 음악이 베토벤의 합창 교향곡이라는 것은 나중에 알게 된다.) 강마애는 음악에 이끌리듯 밖으로 나오다 문득 하나의 판타지를 보았다. 그것은 바로 넓은 무대에서 악단을 향해 지휘봉을 흔들며 기쁜 표정으로 지휘하는 미래의 자신의 모습이었다. 강마애는 이때부터 죽을힘을 다해 지휘자가 되기 위해 어려운 길을 헤쳐 나가게 된다.

컨테이너 박스에 살던 열 살짜리 어린 아이가 세계에서 다섯 손가락 안에 드는 지휘자가 되기까지 얼마나 힘든 과정이 있었는지 드라마는 구구절절 설명하지 않는다. 시청자들도 굳이 알고 싶어 하지도 않고 깐깐한 인텔리주의자인 그가 그런 불우한 어린 시절을 겪었다는 게 안쓰럽고 기특하고 감격스러울 뿐이다.

그런데 정말 어려운 환경 속에서도 노력하면 꿈은 이루어질까? 과연 개천에서 용이 날 수 있을까?

'개천에서 용 난다'는 말은 케케묵은 속담일 뿐이라고요.

부모의 능력이 나의 경쟁력

드라마 〈베토벤 바이러스〉에서 강마애는 어려운 가정 환경에도 불구하고 훌륭한 지휘자의 꿈을 이루어요. 이런 경우를 '개천에서 용 난다'고 하지요. 하지만 요즘 사회에서는 개천에서 용 나는 일 따윈 없어요. 그저 케케묵은 속담일 뿐이지요.

물론 1980년대만 해도 더러 그런 일이 있기는 했어요. 가난한 집에서 태어난 아이가 어릴 때부터 오로지 공부만 파고들어 초등학교는 물론이고, 중학교와 고등학교 시절 내내 전교 일등을 해요. 그리고 마침내 우리나라 최고의 대학으로 손꼽히는 서울대 의대에 합격하고요. 장학금을 받아 대학을 마친 뒤에는 의사가 되어 은행에서 대출을 받아 병원을 개업하고, 10년 안에 대출금도 다 갚고 부자가 되었다는 드라마 같은 이야기 말이에요. 이것은 사교육이 금지되었던 1980년대의 전설 같은 이야기랍니다.

요즘에는 서울대를 가려면 무엇보다 좋은 고등학교에 들어가는 게 중요해요. 특목고나 적어도 공부 잘하기로 이름난 일반고를 가야 하지요. 특목고는 학비가 일반고의 10배 이상 비싸요. 게다가 공부 잘하는 학교는 죄다 부자 동네에 있고요. 실력으로 특목고 입학 시험을 치려면 우선 특목고 학원에 다녀야만 해요. 특목고 입학 시험 문제는 무척 어렵고 독특해서 혼자서는 도저히 공부할 수 없거든요. 특목고

를 가려는 학생들이 워낙 많다 보니 특목고 전문 입시 학원에서는 터무니없이 높은 학원비를 받는답니다.

그리고 일반고에서 서울대를 가려면 전교 3등 안에 드는 것은 물론 모의고사 성적과 내신 성적 모두 우수해야 돼요. 그러려면 과외를 받거나 학원에 다녀야 하지요. 그러지 않고 혼자서 공부하는 건 벅차요. 물론 가뭄에 콩 나듯이 이렇게 말하는 학생도 있어요.

"저는 사교육은 전혀 안 받았고요. 혼자서 계획을 세워서 열심히 했답니다."

이런 학생은 보나마나 아이큐가 170쯤 되는 천재가 틀림없어요.

드라마 〈꽃보다 남자〉에 나오는 금잔디의 경우를 예로 들어 볼까요? 금잔디는 집이 가난해서 하루에 세 군데서 아르바이트를 하며, 틈틈이 구준표랑 만나고, 무료 의료원에서 봉사 활동을 해요. 사실 사교육을 전혀 안 받는 학생이 의대에 간다는 건 불가능하지요. 금잔디처럼 삼수라도 해서 의대를 갔다 해도 비싼 등록금이 문제가 되고요. 사립 대학교의 평균 입학금은 500만 원이 넘어요. 1년에 1,000만 원의 등록금을 선뜻 마련할 수 있는 가정은 중산층에 속해요. 따라서 저소득층 가정에서 자녀를 대학에 보내는 것은 만만한 일이 아니에요. 우선 사교육을 시킬 돈이 없으니 일류 대학에 보내기가 힘들지요. 설령 남달리 머리가 뛰어나서 혼자 힘으로 대학을 가더라도 이번에는 또 등록금 마련하기가 쉽지 않아요.

이제 좋은 학력을 가진다는 말과 능력 있는 부모 밑에서 자란다는 말은 일맥상통하는 말이 되어 버렸어요. 그러니 가난한 집의 아이가 공부를 잘하기는 정말 하늘에 별 따기 만큼 힘든 세상이에요.

인적 자본의 불평등성

미국에서는 한때 '인간 자본론'*이라는 이론이 주목을 받았어요. 개인의 교양 수준과 문화적인 체험과 교육 정도가 바로 개인이 성공할 수 있는 자본이 된다는 것이지요. 결국 투자한 정도에 따라 성패가 좌우된다는 말이에요.

뿐만 아니라 현대 사회는 자유 경쟁 사회예요. 자신의 능력 향상을 위해서는 자신이 알아서 투자를 해야 돼요. 이를 조금 어려운 말로 '수혜자 부담의 원칙'이라고 해요.

인간 자본론

인간 자본론이란, 인간을 국가 발전의 중요한 자본으로 보고 교육이라는 투자를 통해 국가 성장을 꾀하는 이론이다. 미국의 노동경제학자 베커에 의해 강조되었다. 베커는 한국과 대만 등이 짧은 시간에 경제적 성장을 이룩한 것도 교육을 잘 받은 질 좋은 인적 자본(노동력)이 뒷받침되었기 때문이라고 했다.

수혜자란, 혜택을 받는 사람이라는 뜻이지요. 교육에 투자하면 자신이 그 혜택을 받게 되기 때문에 자신에게 필요한 교육 비용은 자신이 부담해야 한다는 말이에요. 이 수혜자 부담의 원칙을 주장하는 사람들은 국가나 사회가 교육을 책임질 의무는 없다고 생각한답니다.

'인간 자본론'과 '수혜자 부담의 원칙'은 그럴듯하면서도 어딘가 모르게 기분이 언짢은 이론이에요. 특히 우리나라 대학교에서는 이 이론을 강조해요. 그런데 우수한 교육과 문화적 혜택이 부모님의 사회적 지위나 능력에 달려 있다면 어떻게 될까요? 가난한 집의 자녀들이 더 나은 미래를 위해 경쟁할 수 있는 기회는 사라지고 말겠지요.

이렇듯 '인간 자본론'이 강조하는 능력은 누구에게나 평등하지가 않아요. 많이 투자할 수 있는 사람은 교육, 문화, 정보 등을 그만큼 많이 누릴 수 있어요. 반면 투자할 능력이 없는 사람은, 다시 말해 가난한 집에 태어나 가난한 부모 밑에서 살아가는 학생은 애초부터 기회조차 주어지지 않거나 아주 적은 기회를 얻을 수밖에 없지요.

수혜자 부담 원칙의 진실

적어도 한 사람 한 사람이 동등한 어떤 기회를 갖기 위해서는 동등한 교육의 기회가 주어져야 해요. 가난한 학생이든 잘사는 집 학생이든 교육 과정에서만큼은 평등한 기회를 얻을 수 있어야 공정한 경쟁을 벌일 수 있겠지요. 이것이 가능해지려면 국가가 책임지는 공교육의 혜택이 모두에게 공평하게 주어져야 해요.

프랑스나 독일 같은 경우는 대학교는 물론 대학원까지 나라에서 교육비를 부담해요. 그렇다 보니 국가의 교육비 부담이 엄청나지요. 이 나라들은 한국보다 재정이 훨씬 튼튼해서 교육에 투자하는 걸까요? 반대로 한국은 이들 나라보다 재정이 부족해서 개인이 많은 교육비를 부담하게 하는 것일까요?

이것은 국가 재정의 규모에 따른 문제가 아니에요. 같은 선진국이라 하더라도 미국과 영국은 오히려 공교육보다는 사교육에 많이 의존해요. 따라서 교육비에 대한 개인 부담을 당연하게 여기고 있지요. 대학도 국공립보다 사립 대학이 훨씬 많고요. 우리나라도 미국이나 영국처럼 교육에 대한 개인의 부담이 큰 나라예요.

이러한 차이는 국가가 교육에 대한 책임을 누구에게 두느냐에 대한 사회적 합의에 따라 달라져요. 미국이나 영국은 앞에서 말한 '수혜자 부담의 원칙'에 따라 교육을 통해 혜택을 입는 개인이 교육비를 부담하게 해요.

반대로 프랑스나 독일은 교육을 통해 이익을 얻는 것은 개인만이 아니라 사회 전체라는 인식이 강해요. 사실 교육을 받은 개인은 원하는 직업을 선택하고 그만큼 여유로운 생활과 문화를 누릴 수 있어요. 그러므로 교육을 받는 개인이 교육비를 부담하는 것이 어찌 보면 타당한 것처럼 보여요. 하지만 교육받은 개인이 많아지면 인적 자원이 확보되는 것이므로 사회 전체가 고르게 발전하며 더불어 경제 발전도 꾀할 수 있어요. 따라서 이들 나라는 교육의 궁극적인 수혜자가 바로 국가라고 생각하기 때문에 교육에서만큼은 국가가 비용을 지원해 준답니다.

강마애가 존재하는 사회를 위해

강마애처럼 가난한 집안에서 태어났더라도 열심히 노력하여 성공할 수 있으려면 교육 자원이 누구에게나 고르게 분배되는 사회라야만 해요. 남보다 어려운 조건에서도 강마애처럼 뛰어난 재능을 발휘한다면 사회는 그에게 더 많은 교육의 기회를 주는 게 당연해요. 이것은 불리한 조건

에서도 노력한 자에게 주어지는 남다른 기회라는 뜻에서 '차등의 기회'라고 불러요. 강마애는 다른 사람보다 어려운 조건에서 남보다 훨씬 많은 노력을 했어요. 그렇다면 사회는 그에게 더 좋은 기회를 주어 그의 노력이 빛을 발하도록 해주어야 해요. 이렇게 남다른 조건에서 남다른 노력을 한 그에게 주어지는 남다른 기회가 강마애라는 최고의 음악가를 키워 낼 수 있으니까요.

예전에는 사회 자본이라고 하면 물질적인 재화나 과학 기술력, 화폐만을 생각했어요. 그러나 최근에는 많은 사회학자와 경제학자들이 '사회에 대한 신뢰'를 중요한 사회 자본으로 꼽는답니다. 국가의 사회 신뢰도가 높으면 국민들의 제도와 법에 대한 신뢰도도 높아져요. 따라서 문제가 생겨도 합리적인 방법으로 해결하려고 하고, 되도록 화합하려고 노력하지요.

교육 자원이 누구에게나 고르게 분배되어야 한다는 점은 그 사회에 대한 신뢰를 높이는 데도 크게 도움이 되어요. 누구에게나 교육의 기회가 열려 있으며, 적어도 교육 불평등 때문에 소득이 불평등해지는 일이 일어나지 않는다는 믿음이 사회에 대한 신뢰를 높이기 때문이지요.

반대로 부모의 능력에 따라 교육이 불평등하게 이루어지

는 사회는 어떨까요? 교육의 불평등은 개인의 소득 불평등으로 이어지고, 그로 인해 다시 교육에 대한 투자가 불평등하게 이루어질 거예요. 이런 사회에서 발생하는 사회 불신은 그 사회가 발전하는 데 큰 장애물이 된답니다.

불공정한 사회일수록 사람들은 사회의 법과 제도를 믿지 않아요. 이런 사회에서는 성공을 하기 위해 사적인 관계에 의존하거나 불법적인 방법도 거리낌 없이 사용하지요. 공정한 법보다는 인맥이나 돈, 폭력에 의존하며 온전히 자신의 능력을 통해 인정받으려는 노력이 줄어들게 된답니다. 그러므로 공정하고 평등한 교육의 기회는 그 사회에 대한 신뢰도를 높이는 중요한 과제인 셈이에요.

맥도날드, "패스트 스타일을 팝니다"

맥도날드는 도심의 사거리와 역 주변은 물론 아파트 상가에서도 쉽게 볼 수 있다. 심지어 학교 앞이나, 학원가 등 사람들이 모이는 곳이면 어김없이 들어서 있는 패스트푸드점이다.

그런데 이 매장은 여느 음식점과는 다른 시스템으로 운영된다. 맥도날드 매장에 들어서면 누구나 계산대 앞에 가서 줄을 서야 한다. 너나 할 것 없이 카운터 앞에 줄을 서서 기다리니 그렇게 따라 할 수밖에 없다. 하지만 아무 생각 없이 우두커니 줄을 서 있기만 하면 곤란하다. 줄을 서서 기다리는 동안 뭘 먹을지 메뉴를 재빨리 골라야만 한다. 그래서 맥도날드의 메뉴판은 독특하게도 높은 곳에 매달려 있다. 사람들이 기다리는 동안 고개를 쳐들고 쉽게 메뉴를 고를 수 있도록 한 것이다.

만약 멍하니 서 있다가 자기 차례가 됐는데도 재빨리 주문을 하지 못하고 머뭇거리면 무슨 일이 벌어질까? 대단히 큰일은 아니지만 앞뒤에서 쏘아 보내는 따가운 눈초리와 주문을 받는 직원의 까칠한 태도를 감수해야 한다. 그래서 주문할 순서가 됐을 때에는 재빨리 단순 명료하게 주문을 해야 한다.

"세트 메뉴 B 하나 하고요. 콘샐러드 한 개 추가요. 음료수는 얼음 넣어 주고요."

혹시라도 촌티를 내며 이렇게 주문하면 망신을 당하게 된다.

"불고기 햄버거에는 한우가 들어가나요?"라든가 혹은 "햄버거 속의 양파는 빼 주고요, 고기는 좀 더 바짝 익혀 주세요." 등등 정해진 메뉴와 관계없는 이야기를 했다가는 직원의 짜증 섞인 말이 돌아오게 될 것이다.

"죄송하지만 손님, 뒤에 기다리시는 분 먼저 주문을 받을 테니 메뉴판을 다시 한 번 확인해 주세요."

햄버거 고기를 살짝만 익히라든지, 바짝 익히라든지, 양상추를 한 장 더 넣어 달라든지, 소스는 마요네즈 성분이 없는 게 필요하다든지, 이런 식의 주문을 하고 싶다면 잘못 들어온 것이다. 다양한 입맛을 원한다면 옆의 레스토랑으로 가는 게 맞다.

주문한 음식이 나오면 신속하게 쟁반을 들고 자리를 잡아야 한다. 매장의 의자와 테이블은 어찌나 다닥다닥 붙어 있는지 사방에서 이야기하는 사람들의 사연을 죄다 들을 수 있다.

매장에 흐르는 빠른 템포의 음악을 들으며 햄버거를 먹다 보면 손바닥만 한 햄버거는 어느 틈에 사라지고 없다.

햄버거를 먹었으니 이제 친구들과 한바탕 수다를 떨 차례라고? 하지만 토요일 오후같이 사람이 붐빌 때에 그러고 앉아 있으면 쟁반을 들고 서성이는 손님들의 눈총이 쏟아진다. 때문에 햄버거를 먹기가 무섭게 벌떡 일어나야 한다.

음식을 먹은 다음 뒤처리를 하는 것도 손님의 몫이다. 매장에 있는 분리 수거 휴지통에 가서 시킨 대로 얌전하게 분리 수거한 뒤 재빨리 사라져 주어야 한다.

이상하게도 맥도날드 매장에 들어서면 모든 행동이 빨라지는 걸 느낄 수 있다. 그것이 음악 때문인지 재촉하는 직원들의 빠른 동작과 음성 때문인지는 알 수 없다. 마치 누군가 "패스트 패스트"라고 속삭이는 것처럼 동작이 저절로 빨라진다.

맥도날드 햄버거의 신속하고 늘 일정한 맛은 바쁜 현대인의 생활 속도를 반영한 음식문화예요.

셀프서비스에 숨겨진 기업 이윤

미국의 작은 마을에 형제가 운영하는 식당이 있었어요. 마을에 식당이라고는 이곳밖에 없어 점심시간이면 한꺼번에 몰려드는 사람들로 늘 애를 먹었지요. 손님들이 자기 차례를 기다리다 지쳐서 그냥 돌아가는 것도 다반사였고요.

보다 못한 형제는 무슨 좋은 방법이 없을까 궁리를 했어요. 결국 미리 음식을 만들어 놓았다가 사람들이 주문하면 따뜻하게 데워 주기로 했어요. 그러자 손님들은 전보다 맛은 없지만 그런대로 만족했어요. 이제는 손님들이 기다리다 지쳐 돌아가는 일이 없어졌어요. 짧은 점심시간을 이용해 식당을 찾은 손님들에게는 맛이 좀 떨어지더라도 음식이 신속하게 나오는 것이 더 중요했으니까요.

맥도날드 사장은 이 식당에서 아이디어를 얻어 맥도날드 햄버거를 고안했답니다. 이른바 빠르고 신속하게 즐기는 패스트푸드 시대를 열게 된 거예요. 무엇보다 맥도날드 사장이 고민했던 핵심은 바로 '어떻게 하면 짧은 시간 안에 적은 비용으로 더 많은 돈을 벌 것인가'였어요.

계산대에서 일하는 직원은 신속하게 주문을 받고 뒤돌아서서 바로 햄버거와 감자튀김과 음료수를 재빨리 쟁반 위에 올려놓아요. 직원은 마치 자판기 기계처럼 단순한 일을 계속 되풀이하게 되지요. 하루 종일 하는 말이라곤 '주문하시겠습니까?', '주문하신 메뉴 확인하겠습니다. 세트 메뉴 C와 콘샐러드 추가입니다.', '5분 뒤에 가져가십시오.' 정도예요. 그리고 햄버거의 고기를 살짝 데우거나 튀김기에서 감자튀김을 건져 놓는 식의 조리 과정 이외에는 이렇다 할 전문적인 노동이 필요 없어요. 그래서 정식 직원이 아닌 아르바이트생을 고용해도 필요한 일은 얼마든지 처리할 수 있답니다. 이런 판매 방식은 아주 낮은 월급으로 직원을 채용할 수 있다는 장점이 있어요.

더군다나 음식을 나르고 치우고 정리하는 일을 위해 직원

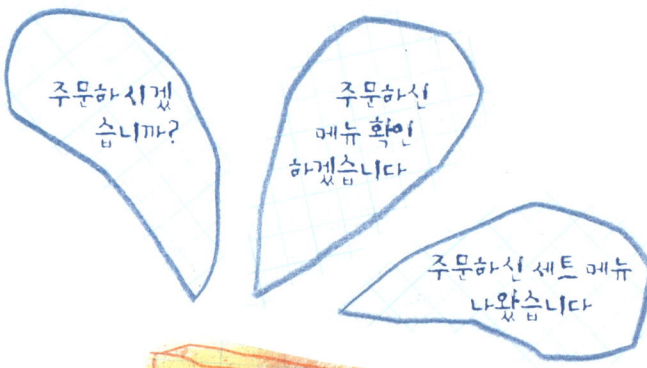

을 따로 고용할 필요도 없고요. 그런 일은 손님이 알아서 해 주기 때문이죠. 그야말로 '셀프서비스'가 자연스럽게 이루어지니까요. 최소한의 비용으로 임금을 줄이고, 단순화된 메뉴를 한꺼번에 많이 팔 수 있는 효율적인 판매 방식인 셈이지요.

햄버거 또한 조리 과정이 단순한데다가 이미 공장에서 거의 만들어진 상태로 매장에 배달되기 때문에 전문적인 요리라고 할 수 없어요. 대규모 공장에서 빵은 물론 고기와 거기에 곁들일 야채의 크기까지 일률적으로 만들어져서 매장에 배달되거든요. 매장에서는 간단한 조리만 해서 소비자에게 내놓는 거예요.

이렇게 맥도날드는 낮은 임금과 적은 노동력, 고객의 셀프 노동, 단순한 조리 과정 덕분에 최소 비용으로 최대의 이익을 낼 수 있었답니다.

패스트 문화는 다양함을 싫어한다

패스트푸드를 주도한 맥도날드는 20세기의 세계 음식 문화를 대표한다고 볼 수 있어요. 햄버거는 이제 단순한 먹거리가 아닌 사람들의 심리를 잘 반영한 음식 문화인 셈이지요. 보다 빠르게 성공하고 싶거나 모든 것을 미리 예측하고 계획하고 싶은 사람들의 심리가 햄버거에 고스란히 담겨져 있다고나 할까요.

맥도날드는 다양한 맛이나 다양한 문화를 거부해요. 서울역에서 파는 맥버거나 중국 베이징에서 파는 맥버거, 뉴욕에서 파는 맥버거는 모두 똑같은 맛이에요. 맛에 조금이라도 차이가 나면 안 되지요. '전 세계 어디서나 똑같은 맛의 맥버거를 만날 수 있습니다'가 바로 맥도날드가 추구하는 정신이거든요. 한 달 전에 먹은 맥버거도 오늘 먹은 맥버거와 같아야 하고요. 햄버거 하나에 실수로 양상추가 하나라도 더 들어가면 큰일 나요. 맥도날드에서는 맛이 다양해서는 절대 안 되기 때문이에요. '항상 예측할 수 있는 맛, 그래서 안전하다고 느껴지는 맛'을 추구하는 곳이니까요.

맥도날드는 '생산 지향적인 마케팅'을 추구하던 시대의 문화 스타일을 그대로 가지고 있어요. 대량 생산되는 햄버거에 소비자는 자신의 취향을 맞추어야 하고, 그 맛에 길들여져야 해요. 이것은 마치 포드 자동차가 더 값싼 자동차를 많이 생산해 내기 위해 컨베이어 시스템을 사용한 것과 마찬가지예요. 그때에는 짧은 시간 안에 더 많은 상품을 생산하기 위해 원가 비용을 줄이는 데 온 힘을 기울였답니다.

  그런 측면에서 보자면 맥도날드는 단순한 음식점이 아니라 사회 문화를 대표하는 문화적 장소라고 할 수 있어요. 맥도날드와 같은 신속함과 일률적인 맛은 빠르게 움직이는 현대인의 생활 속도에 보조를 맞추어 주고 있으니까요.

  햄버거의 맛에 길들여진 사람들은 쉽게 입맛을 바꾸지 못해요. 집에서 더 좋은 재료를 써서 햄버거를 만들어 주어도

아이들은 맥버거의 맛과 다르면 좋아하지 않아요.

　최근 들어 슬로푸드*의 바람을 타고 맥도날드와 같은 햄버거 산업이 주춤하는 추세예요. 하지만 오랜 세월 우리의 입맛을 길들여 온 맥버거의 맛을 포기하는 데는 앞으로 많은 시간이 걸릴지도 몰라요.

　왜냐하면 슬로푸드가 정착되려면 우리의 삶의 방식, 더 크게는 '빨리빨리'를 지향하는 사회 문화가 바뀌어야 하기 때문이지요.

슬로푸드

햄버거로 대표되는 패스트푸드 문화에 맞서 시간을 들여서 만들고 먹는 음식을 '슬로푸드'라고 한다. 효율성을 높이기 위해 탄생한 패스트푸드가 획일화된 맛과 높은 열량, 빠른 생활 리듬을 우리에게 강요한다면, 슬로푸드는 단순히 패스트푸드의 반대 개념이 아닌 '여유 있는 삶'을 되찾으려는 의지를 담고 있다.

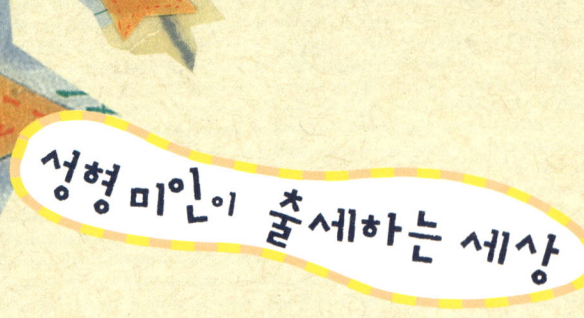

성형미인이 출세하는 세상

요즘 네티즌 수사대의 활약은 참으로 대단하다. 어디서, 어떻게 구했는지 연예인들의 고등학교 졸업 앨범 사진을 인터넷에 띄워 놓는다. 사람들은 그 사진을 보면서 고등학교를 졸업할 당시의 얼굴과 지금의 얼굴을 비교해 누가 얼마나 성형 수술을 했는지 알게 된다.

얼마 전까지만 해도 연예인들은 성형한 사실이 들통나면 부끄러워하고 감추려고 했다.

하지만 요즘에는 성형 전 과거의 모습이 공개되어도 크게 당황하지 않고 오히려 성형 사실을 솔직하게 인정한다. 아예 스스로 나서서 자신이 성형한 사실을 고백하는 게 유행일 정도다. 성형 수술을 인정하고 털어놓는 연예인들은 한결같이 이렇게 말한다.

"성형 수술을 통해 외모에 대한 자신감을 얻어 행복했다. 훨씬 열심히 일할 수 있었다."

연예인이라면 성형 수술을 해서라도 더욱 아름다워지고 싶은 것이 솔직한 바람일 것이다. 그러나 연예인들이 입는 멋진 옷이나 헤어스타일을 보고 따라 하듯이 성형이 대중에게까지 파고드는 것은 한번쯤 심각하게 생각해 봐야 할 문제가 아닐까?

너도나도 얼짱, 몸짱이 되고 싶은 외모지상주의는 미디어의 영향이 커요.

'몸짱', '얼짱'이 주목 받는 사회

10년 전만 해도 성형 수술을 한 연예인은 그 사실을 감추려고 애를 썼어요. 특히 인기 연예인이 성형했다는 사실이 밝혀지면 사람들은 속은 듯한 기분이 들기도 했으니까요. 스타의 얼굴은 만들어지는 게 아니라 타고나는 것이어야 한다고 여겼기 때문이지요.

그러나 이제는 연예인들이 경쟁하듯 성형 사실을 털어놓고 연예인이 아닌 일반 사람들도 '얼마나 자연스럽게 성형했는가?'에 점수를 매기는 세상이 되었어요.

성형 수술은 비단 연예인들 사이에서만 유행하는 것이 아니에요. 대학 입시가 끝나는 겨울철이면 성형외과는 소위 대목을 맞이한대요. 입학을 앞둔 예비 대학생들과 고등학교를 졸업하고 취업하려는 젊은 여성들이 몰리기 때문이지요. 이들은 대부분 쌍꺼풀 수술이나 코를 높이는 등 성형 수술을 하러 성형외과를 찾아요. 뿐만 아니라 취업 준비를 하는 여대생들도 입사 면접을 치르기 위해 성형외과를 찾는 일이 많아졌고요.

물론 연예인들은 직업이 직업인만큼 아름다운 외모를 가꾸는 데 시간과 돈과 노력을 투자해야 경쟁에서 살아남을 수 있어요. 하지만 보통 사람들까지 이토록 외모에 집착하는 이유는 무엇일까요?

예를 들어 여러분이 길을 걷다가 나란히 걸어오는 두 여자와 마주쳤다고 상상해 보세요. 한 사람은 날씬한 몸매에 오똑한 코, 커다란 눈을 가진 서구적인 외모예요. 그런데 옆에 있는 여자는 뚱뚱한 몸매에 한국인 특유의 둥글넓적한 얼굴을 하고 있어요. 여러분은 두 사람 중 누가 더 매력적이고 성공한 사람이라고 생각하나요? 대부분의 사람들은 날씬하고 서구적인 외모의 여자가 성공했거나 성공할 확률이 많다고 생각해요.

이렇듯 우리는 사람을 눈에 보이는 겉모습만으로 쉽게 판단하는 경향이 있어요.

그 사람과 알지도 못하고 깊이 있는 대화를 나눈 적도 없으면서 보이는 외모만으로 그 사람의 됨됨이까지 판단해 버리는 것이지요. 날씬한 여자를 보면서 사람들은 이런 생각을 할지 몰라요.

'저 여자는 상냥하고, 너그러우며, 능력도 뛰어날 거야. 그리고 자기 관리도 잘하겠지.'

반면 둥글넓적하고 뚱뚱한 여자를 보면서는 이런 생각을 하겠지요.

'어휴, 얼굴도 못생겼으면서 몸매까지 저러니? 무척 게으른가 봐. 먹는 것 좀 작작 먹고 관리 좀 하지. 보나마나 성격도 안 좋을 거야.'

그런데 사실은 둥글넓적하고 뚱뚱한 몸매의 여자가 전문직에 종사하는 유능한 인재일 수도 있지 않을까요? 날씬한 미인이 몸매를 가꾸는 시간에 둥글넓적한 여자는 한 권의 책이라도 더 읽으며 자신의 전문성을 키워 나갔을 수도 있으니까요. 날씬한 미인은 알고 보면 하루의 절반을 헬스장에서 보내고 1년 중 3분의 1을 성형하는 일에 매달리느라 겉만 번지르르할 뿐 머릿속은 텅 비었을 수도 있고요.

그렇지만 우리는 이러한 사실을 잘 받아들이려고 하지 않아요. 이미 우리도 모르는 사이에 외모가 마치 기호처럼 우리에게 의미를 전달하는 데 익숙해져 있기 때문이에요. 치마 입은 여자 그림이 붙어 있으면 그곳이 여자 화장실이라는 걸 아는 것처럼 말이에요. 외모만 보아도 그것이 그 사람의 성격을 그대로 드러낸다고 믿게 되었답니다. 이렇게 된 데는 미디어의 영향도 커요. 매일 보는 연예인들의 예쁜 얼굴들과 날씬한 몸매가 마치 성공하려면 이렇게 되어야 한다는 걸 알게 모르게 주입하고 있으니까요. 소위 '얼짱'이니, '몸짱'이니 하는 신조어까지 만들어 내며 이런 '외모지상주의'를 부추기고 있답니다.

외모가 경쟁력이다?

기업에서는 새로 직원을 뽑을 때 으레 면접 시험을 봐요. 입사를 원하는 응시자들은 먼저 이력서와 자기 소개서를 회사에 제출하지요. 면접관들은 응시자들 앞에서 이력서와 자기 소개서를 바탕으로 이런저런 질문을 해요. 그중에는 학업 성적이 남보다 뛰어나서 눈에 띄는 실력자들도 있을 거예요. 하지만 아무리 열심히 공부했고 뛰어난 리더십을 지녔더라도 짧은 시간 동안에 모든 걸 보여 주기는 힘들어요. 그렇기 때문에 경쟁자들 사이에서 외모는 더욱 중요한 역할을 할 수밖에 없답니다.

사람들은 흔히 날씬한 몸매와 잘 가꾸어진 얼굴이 여성의 성실성을 말해 준다고 여겨요. 면접관들도 그런 생각을 할 수 있고요. 면접관들에게 좋은 인상을 심어 주기 위해 여성 지원자들은 학업 성적은 물론 특히 외모에 더 신경을 써요. 그러니까 여성들은 실력 있는 남성과 경쟁해야 할 뿐만 아니라 아름다운 외모를 갖춘 여성과도 경쟁을 해야 하는 거예요.

경제가 어렵고 실업자가 늘어나 경쟁이 심해질수록 여성들의 외모에 대한 집착은 더욱 강해진답니다. 이제는 학점도 A, 외모도 A를 따야만 경쟁에서 이길 수 있는 사회가 되

어 가고 있으니까요.

 하지만 우리는 '날씬한 여자=성실하고 자기 관리에 철저한 사람, 둥글넓적 뚱뚱한 여자=나태하고 자기중심적인 사람'이라는 공식이 절대적이지 않다는 걸 잘 알고 있어요. 주위에 있는 친구들을 떠올려 보세요. 뚱뚱하지만 배려심

많고 성실하며 똑똑한 친구도 있고, 날씬하지만 성격이 괴팍하고 자기중심적인 친구도 있잖아요. 따라서 오랫동안 알고 지내 온 사람들 사이에서는 저런 식의 공식이 통하지 않는다는 것이지요. 첫인상은 별로였는데 몇 년 동안 함께 지내다 보니 첫인상과는 달리 훌륭한 면을 발견하게 되는 경우도 많아요. 공주처럼 예쁘게 생겨서 관심을 보였는데 성격이 괴팍해서 실망한 경우도 있을 거고요. 또 못생겨서 그다지 친해지고 싶지 않은 친구였는데, 알고 보니 책도 많이 읽고 성격도 좋아서 인기가 높은 친구도 있을 거예요. 그래서 '사람은 겪어 봐야 안다'고 하는 어른들의 말에 실감을 할 때가 종종 있지요.

그런데 요즘 사회에선 '사람을 겪어 보고 알 수 있는 기회'가 자꾸만 줄어든다는 것이 문제랍니다. 사람과의 관계에서 서로의 이익을 추구하려다 보니 사람의 마음보다 외모가 더욱 중요해지게 되거든요. 상대를 빨리 파악하고 서로가 원하는 이익을 재빨리 계산해서 교환해야 하기 때문에 상대의 마음까지 읽을 겨를이 없답니다. 한마디로 진정한 친구가 없는 사회가 되어 가는 것이지요.

하지만 친구는 나보다 성적이 좋건 나쁘건, 나보다 부자건 아니건 나의 마음을 알아 주는 존재예요. 또한 힘들 때 위로해 주고 서로의 마음을 성장시켜 주는 사람이기도 하지요. 친구는 또 외모나 성적이나 그 어떤 것으로도 나와 경쟁하는 사람이 아니라 그 자체로서의 나를 인정하고 격려해 주는 사람이기도 해요.

이제 우리는 어른들이 만들어 놓은 일정한 틀에서 벗어나야 해요.

광고와 미디어가 끊임없이 주입하는 논리에 속지 않기 위해서라도 겉으로 보이는 것보다는, 남의 평가에 휘둘리기보다는 마음과 정신을 성장시키는 데 더 신경쓰고 힘을 쏟아야 하지 않을까요? 이것이야말로 경쟁사회에서 나를 잃지 않고 당당하게 경쟁할 수 있는 무기가 될 거예요.

오늘도 광고는
거리에서, 인터넷에서, 텔레비전에서
쉴 새 없이 우리에게 말을 걸어옵니다.

설득당할 것인가? 나를 지킬 것인가?
답은 이미 여러분이 알고 있습니다.